FALAR EM PÚBLICO E CONVENCER
Técnicas e habilidades

Proibida a reprodução total ou parcial em qualquer mídia
sem a autorização escrita da editora.
Os infratores estão sujeitos às penas da lei.

A Editora não é responsável pelo conteúdo deste livro.
O Autor conhece os fatos narrados, pelos quais é responsável,
assim como se responsabiliza pelos juízos emitidos.

Consulte nosso catálogo completo e últimos lançamentos em **www.editoracontexto.com.br**.

Izidoro Blikstein

FALAR EM PÚBLICO E CONVENCER
Técnicas e habilidades

Copyright © 2016 do Autor

Todos os direitos desta edição reservados à
Editora Contexto (Editora Pinsky Ltda.)

Montagem de capa e diagramação
Gustavo S. Vilas Boas

Ilustrações
EstudioMil

Preparação de textos
Lilian Aquino

Revisão
Fernanda Guerriero Antunes

Dados Internacionais de Catalogação na Publicação (CIP)
(Angélica Ilacqua CRB-8/7057)

Blikstein, Izidoro
Falar em público e convencer : técnicas e habilidades / Izidoro
Blikstein ; ilustrações de [Estúdio Mil]. – 1. ed., 1ª reimpressão. –
São Paulo : Contexto, 2017.
224 p. : il.

Bibliografia.
ISBN 978-85-7244-936-6

1. Comunicação 2. Fala em público 3. Oratória I. Título

15-1264   CDD 808.51

Índices para catálogo sistemático:
1. Fala em público

2017

EDITORA CONTEXTO
Diretor editorial: *Jaime Pinsky*

Rua Dr. José Elias, 520 – Alto da Lapa
05083-030 – São Paulo – SP
PABX: (11) 3832 5838
contexto@editoracontexto.com.br
www.editoracontexto.com.br

Para Ester, Flávia, Paulo,
Daniel, Adriana, Davi e Bianca

Sumário

PREFÁCIO 11

1. FALAR EM PÚBLICO 14

    A necessidade de falar em público 17

    Falar em público: dom ou habilidade? 17

    O que é falar em público? 18

2. O DRAMA DE FALAR EM PÚBLICO 24

    A função estratégica da comunicação 26

    Planejar é preciso 32

    Medo: o grande ruído na comunicação 36

    Ganchos: um tempero indispensável...

        quando adequado 44

    Dois ruídos demolidores:

        falta de percepção e falta de empatia 47

    A avaliação de Tácito 62

3. **PRIMEIRO PONTO DE HONRA DA COMUNICAÇÃO: PLANEJAMENTO, FICHA MENTAL E ENSAIO**......70

Planejamento..71

Ficha mental e ensaio.......................................80

4. **SEGUNDO PONTO DE HONRA DA COMUNICAÇÃO: PERSUASÃO**.....................84

Condição 1: Convicção e segurança.......................86

Condição 2: Empatia..89

Condição 3: Credibilidade..................................99

5. **TERCEIRO PONTO DE HONRA DA COMUNICAÇÃO: FALA, EXPRESSÃO CORPORAL E RECURSOS AUDIOVISUAIS**.....................104

Habilidade 1: Expressão verbal ou fala...................106

Habilidade 2: Expressão corporal.........................121

Habilidade 3: Recursos audiovisuais......................130

6. **QUARTO PONTO DE HONRA DA COMUNICAÇÃO: ESTILO**.....................148

Qualidade 1: Correção gramatical.........................151

Qualidade 2: Clareza......................................168

Qualidade 3: Fluência.....................................174

Qualidade 4: Concisão.....................................182

Qualidade 5: Adequação do nível ou registro linguístico.................................189

7. QUINTO PONTO DE HONRA
DA COMUNICAÇÃO:
DOMÍNIO DO CLIENTE/OUVINTE
E DO CENÁRIO..192

Competência 1: Autopercepção...194

Competência 2:

Percepção do cliente/ouvinte e do cenário.............197

Competência 3:

Interação com o cliente/ouvinte e com o cenário....199

Competência 4: Saber ouvir...204

8. RECEITA PARA FALAR EM PÚBLICO
(SEM MEDO)..206

Planejamento, ficha mental e ensaio....................................207

Execução...211

Precauções...213

BIBLIOGRAFIA COMENTADA...215

O AUTOR..217

Prefácio

Num festival de cinema, ao ser informado de que seu filme não receberia o prêmio máximo, um ilustre cineasta declarou à imprensa que sentia um grande alívio por não ser obrigado a subir ao palco e fazer um discurso, situação que considerava dolorosa. Esse é um sentimento que muitos de nós experimentamos quando temos de falar em público: medo, insegurança ou mal-estar. Esse medo, caro leitor, se deve ao fato de que falar em público é muito diferente da comunicação coloquial, que, distensa e descontraída, flui espontaneamente em encontros, em conversas e em tantas outras situações informais do dia a dia. Na comunicação coloquial a palavra é de todos: estamos juntos ou "misturados" aos outros e podemos assumir, alternadamente, o papel de falante ou ouvinte. No ato de falar em público mudam todos os fatores e condições. Em princípio, é *um único e determinado falante* que se comunica com um grupo de ouvintes. Em vez daquela confortável posição de quem está tranquilamente "no meio" do público, o comunicador está *diante* dos ouvintes ou *na frente* deles, exposto não só à observação, mas também, e inevitavelmente, à avaliação e ao julgamento de todos. Daí a tensão e o mal-estar. No entanto, apesar do medo e do constrangimento, cada vez mais – por motivos profissionais, acadêmicos, políticos – temos de enfrentar esse desafio, pois, se quisermos que os ouvintes (ou clientes) acreditem em nossas ideias, projetos ou produtos, temos de fazer uma apresentação competente, a fim de conseguir resultados favoráveis para nós e para a instituição que representamos. Mas... se uma boa apresentação é assim tão importante para a carreira e para a organização, o que fazer para *falar bem em público*?

Este livro tem o objetivo de ajudar a todos aqueles que desejam vencer o medo e fazer apresentações claras, bem articuladas, concisas e atraentes. É importante lembrar que falar em público não resulta de um "passe de mágica" nem é um dom que vem do berço. Falar bem em público é uma habilidade que adquirimos com prática, treinamento e aplicação dos pontos de honra da comunicação: ficha mental bem planejada e ensaiada; uso de estratégias de persuasão; eficácia da expressão verbal e corporal; utilização correta e funcional dos recursos audiovisuais (slides bem produzidos em PowerPoint); estilo claro, fluente e conciso; domínio dos ouvintes e do cenário.

Se não seguirmos esses pontos de honra, corremos o risco de fazer uma péssima apresentação. Por isso, o livro começa com uma história muito próxima da realidade. É o drama de Tácito, um aplicado gerente que recebe, na última hora, a incumbência de fazer a apresentação de um grande projeto. Sem preparo nem planejamento, o leitor já pode imaginar o que aconteceu com Tácito: seu desempenho foi um desastre.

Como evitar desastres? O que devemos saber e fazer para falar bem em público? Lembrando sempre que o improviso e a falta de planejamento são os "pecados mortais" que causam o constrangimento, o medo e a inibição, apresentamos, passo a passo, o roteiro de como se deve preparar uma apresentação competente e persuasiva. No final, o leitor encontrará uma orientação (ou "receita") prática e atualizada sobre o bom uso das técnicas comunicativas e dos slides produzidos em PowerPoint.

Para concluir, queremos observar que este não é um livro de oratória e que nosso objetivo não é "violentar" o estilo pessoal de ninguém. Cada um de nós tem seu estilo e seu modo próprio de expressão. Não se trata de mudar nosso jeito de falar. Trata-se, isso sim, de conduzir o leitor a conscientizar-se de suas qualidades de expressão verbal e corporal e a evitar falhas, cacoetes e ruídos que podem prejudicar a comunicação. Por isso, recomendamos a prática de exercícios filmados, que nos permitem não só avaliar o próprio desempenho, mas também, sobretudo, o desenvolvimento de um conhecimento mais profundo de nós mesmos. Nunca é demais lembrar o princípio da sabedoria, como preceituava o filósofo Sócrates, com base em uma frase que vira no templo do deus Apolo: "Conhece-te a ti mesmo".

Izidoro Blikstein

1.
Falar em público

Caro leitor: parece que falar em público nem sempre é muito fácil. Todos nós já presenciamos situações em que, numa comemoração, evento ou homenagem, alguém é "convidado" ou forçado a fazer um discurso e resiste tenazmente, fugindo da tarefa.

Eis aí uma das falas mais comuns que ouvimos sempre que alguém tem de fazer um discurso, uma apresentação, proferir uma conferência ou palestra, dar uma aula, enfim, sempre que é preciso falar em público. E não é raro ouvir também esta dramática confissão:

- Não é bem que eu não goste, é que não tenho esse dom. Na verdade, eu tenho é medo, muito medo de falar em público! Antes de começar a falar, olho para as pessoas, me dá uma tremedeira, parece que não estou enxergando nada... não vejo ninguém à minha frente... O coração dispara, as mãos ficam molhadas de suor... Parece que tenho uma pedra de gelo no estômago, a voz não quer sair, fica entalada na garganta... Dá um "branco" e aí não consigo falar nada... me atrapalho todo...

A NECESSIDADE DE FALAR EM PÚBLICO

No entanto, apesar do medo, do constrangimento, do mal-estar, queiramos ou não, cada vez mais, por motivos profissionais, acadêmicos, políticos ou sociais, temos de enfrentar o desafio de falar em público. De fato, basta o leitor observar o atual cenário das mais diversas organizações para perceber como uma apresentação bem-feita, atraente, clara e objetiva é condição indispensável para a qualidade do trabalho e para o sucesso profissional. Por outro lado, sabemos também que uma exposição malfeita, confusa e monótona trará consequências danosas não só para a imagem da instituição, mas também para o apresentador.

FALAR EM PÚBLICO: DOM OU HABILIDADE?

Mas, poderia perguntar o leitor, se uma boa apresentação é assim tão importante para a carreira e para a organização, o que fazer *para falar bem em público*? Ou não há nada a fazer, pois, como muita gente pensa, *falar bem* seria um dom que vem do berço? Quantas vezes não ouvimos, depois de um brilhante discurso, a clássica explicação para o sucesso do orador: "Pudera! Ele já nasceu com o dom da oratória".

Será verdade? Será que já nascemos com esse tal "dom da oratória"? Não seria absurdo, caro leitor, acreditar que alguns eleitos já tenham nascido oradores feitos e todo o resto da humanidade esteja condenado à incapacidade de comunicar-se em público?

Parece-nos que não é bem assim. Não se trata de um dom. Nossa longa experiência de consultoria e treinamento, com centenas e centenas de alunos e clientes, forneceu-nos provas suficientes para defendermos o princípio de que falar bem não é propriamente um dom, mas uma habilidade que aprendemos a desenvolver com o conhecimento e a prática de técnicas de comunicação oral. Daí se explica o lugar importante que o ensino da oratória tem ocupado na educação, desde a Antiguidade greco-romana; não sem motivo, os latinos ensinavam que "o poeta nasce, o orador se faz" (*poeta nascitur, orator fit*).[1] É bem verdade que nem todo mundo tem a pretensão ou a necessidade de ser um orador profissional, mas é certo também que todos nós, em algum momento de nossas tarefas e atividades, no trabalho e na sociedade, precisamos demonstrar um bom desempenho comunicativo. Pois bem: conforme a boa lição dos latinos, "o orador se faz" – isto é, *falar em público está ao alcance de todo ser humano*. Acreditamos, portanto, que todos nós podemos desenvolver e aperfeiçoar, por meio de um processo educativo e de treinamento, uma competência comunicativa para falar em público.

O leitor pode ter ainda uma dúvida crucial: se falar bem está ao alcance de todos, por que, afinal de contas, esse medo de falar em público? Quando vamos enfrentar uma plateia, por que, muitas vezes, somos assaltados por um desconfortável e constrangedor sentimento de medo que prejudica seriamente nosso desempenho? E como lidar com esse medo?

Para responder a essa dúvida, tão frequente, é preciso antes definir em que consiste o ato de *falar em público*.

O QUE É FALAR EM PÚBLICO?

À primeira vista, parece que a resposta é bem simples: falar em público nada mais é do que falar para um grupo, uma plateia ou uma multidão de pessoas. Essa é, entretanto, uma percepção limitada e superficial de uma operação mais ampla e complexa. Na verdade, falar em público é um ato bem específico, que se distingue de todos os outros tipos e situações de comunicação, pois implica uma engenhosa combinação de vários fatores e condições de ordem fisiológica, linguística, psicológica e cultural. Consequentemente, para sermos bem-sucedidos, devemos conhecer e dominar todos esses fatores e condições que tornam tão especial a comunicação em público. É indispensável ter consciência de alguns itens muito importantes. Vamos a eles.

1. Falar em público é muito diferente da comunicação coloquial, que, distensa e descontraída, flui espontaneamente em encontros, conversas e em tantas outras situações informais do dia a dia (visitas, festas, eventos, o já costumeiro cafezinho ou *coffee break*, o churrasco de fim de semana etc.). Na comunicação coloquial pode-se dizer que falamos "naturalmente", mais interessados em participar da conversação e menos preocupados com a qualidade do discurso: as frases vão brotando, marcadas por repetições, hesitações, cacoetes, erros gramaticais, gíria, linguagem chula, falta de sequência lógica e, muitas vezes, um descontrole dos gestos e da expressão corporal. No entanto, apesar dessas eventuais falhas de expressão verbal e corporal, o mais importante, nessa situação, é poder, de maneira informal e espontânea, manter contato com os outros, trocar ideias, compartilhar ou discordar da opinião dos interlocutores e expressar pensamentos ou emoções. Não há, portanto, um único e determinado falante que se dirige a um grupo de ouvintes. Na comunicação coloquial a palavra é de todos: estamos juntos ou "misturados" aos outros e podemos assumir, alternadamente, o papel de falante ou ouvinte.

2. No ato de falar em público mudam todos os fatores e condições. Em princípio, é um *único e determinado falante* que se comunica com um grupo de ouvintes. Em vez daquela confortável posição de quem está tranquilamente "no meio" do público, o comunicador está *diante* dos ouvintes ou *na frente* deles, exposto não só à observação, mas também, e inevitavelmente, à avaliação e ao julgamento de todos.

Comunicação coloquial

Falar em público

Ao contrário da comunicação coloquial, em que podemos falar, com descontração, sobre o que quisermos e de qualquer jeito, o orador, ao colocar-se diante de uma plateia, não pode ou não deve falar de qualquer jeito, sobre qualquer coisa. É preciso lembrar que todos os deslizes e pequenas falhas, que passam despercebidos na comunicação coloquial, transformam-se em grandes *ruídos* na comunicação em público. Ao mobilizar-se para falar em público, o comunicador, para evitar os ruídos, deve, antecipadamente, planejar e organizar suas ideias em função de um determinado objetivo, tema, projeto, ponto de vista ou tese que pretende transmitir ao público. Sua missão é persuadir os ouvintes a crer nesse objetivo, tema ou projeto. *Mais do que informar, a tarefa fundamental do orador é de natureza estratégica: persuadir o público.*

3. O público a ser persuadido não é um receptor passivo a quem o comunicador simplesmente passa informações. Ao falar em público, o orador tem a missão de vender ideias e projetos ao ouvinte, que se torna assim o *público-alvo* ou *cliente*.[2]

4. Para persuadir o público a aceitar suas ideias, o orador, *estrategicamente*, deve:

   a. conhecer bem seu público-alvo;
   b. planejar e produzir um discurso que gere efeitos positivos nesse público.

5. Os efeitos positivos dependem também de outra condição: o comunicador tem de construir a imagem de um orador que demonstre competência, empatia e segurança – enfim, de alguém que saiba falar bem em público.

6. Para falar bem, é preciso que o orador organize seu pensamento e saiba transmiti-lo, persuadindo o público por meio dos recursos eficazes da expressão verbal e da expressão corporal.

Daí o medo, o constrangimento e o desconforto. Ficamos inibidos ou tensos porque falar bem em público não é uma tarefa qualquer: afinal, é nossa imagem que está em jogo.

O objetivo de nosso livro, caro leitor, é apresentar as técnicas e as habilidades necessárias para produzir, sem medo e sem inibição, uma comunicação clara, objetiva, atraente e persuasiva em apresentações, reuniões, palestras, conferências, aulas, discursos e exposições, nos variados cenários profissionais, acadêmicos e sociais.

Antes de mais nada, precisamos compreender e aceitar que, por sua complexidade, o ato de falar em público nem sempre é muito fácil e, para muitas pessoas, pode tornar-se um verdadeiro drama.

Foi o que aconteceu, por exemplo, com Tácito, o dedicado gerente de controle de qualidade da empresa Pakot Equipamentos e Embalagens S.A., quando foi "convidado" a fazer a apresentação pública de um projeto. Para perceber "ao vivo" os múltiplos fatores, aspectos e condições que possibilitam entender e avaliar a complexidade do ato comunicativo, convidamos o leitor a assistir ao drama de Tácito. Como se estivéssemos num teatro, veremos uma peça composta de um prólogo e três atos, com intervalos para nossos comentários e observações.

NOTAS

[1] Disponível em: <http://www.hkocher.info/minha_pagina/dicionario/o06.htm>. Acesso em: 22 ago. 2006.

[2] Para designar essa categoria de público ou ouvinte específico, isto é, alguém que pode ou deve ser persuadido a *comprar* as ideias de um apresentador, utilizaremos sempre os termos *público-alvo* ou *cliente* – e não *receptor* ou *destinatário*, tradicionalmente empregados no modelo clássico da comunicação *(emissor-receptor, remetente-destinatário)*.

2.
O drama de falar em público

❭ Cenário

Salão nobre e auditório da Pakot Equipamentos e Embalagens S.A.

❭ Personagens

Ly (Lygia): gerente de comunicação corporativa
Cléver: gerente de recursos humanos
Tácito: gerente de controle de qualidade
Beto: técnico de audiovisual

❭ Prólogo

Este é um momento muito especial para a Pakot Equipamentos e Embalagens S.A. Chegou, finalmente, o dia do lançamento do INOVAR – programa permanente de aproveitamento e inovação ambiental.

Para preservar sua boa imagem no mercado e na sociedade, a Pakot decidiu empreender várias ações de responsabilidade social, elegendo o INOVAR como projeto prioritário. Considerando os graves problemas que afetam a qualidade de vida – como poluição ambiental, desemprego, exclusão social e violência –, o objetivo da Pakot foi criar um projeto pioneiro, capaz de integrar empresa e sociedade civil num esforço conjunto para melhorar as condições de vida da população marginalizada.

Para alcançar essa meta, o programa INOVAR se propõe a educar e treinar a comunidade, habilitando-a a explorar o ambiente e a descobrir soluções criativas e inovadoras que garantam as condições básicas não só de sobrevivência, mas também e, principalmente, de cidadania. Como a realização de um programa dessa amplitude depende de muitos recursos humanos e físicos (centros de treinamento e pesquisa, contratação de instrutores, estudos do meio, equipamentos, laboratórios, oficinas etc.), a Pakot precisa da contribuição e da parceria de diversos colaboradores: acionistas, governo, empresas, clientes, mídia, organizações do terceiro setor, associações de moradores de bairros e outras entidades civis.

E ficou evidente que, para obter todo esse apoio e essa ajuda, a empresa terá de destacar benefícios e vantagens que distinguem o INOVAR de outras propostas similares, demonstrando tratar-se de uma experiência pioneira da inclusão social e econômica.

■ INTERVALO 1

A FUNÇÃO ESTRATÉGICA DA COMUNICAÇÃO

Vale lembrar que comunicar não é simplesmente transmitir ou "passar" informações. A comunicação – sobretudo a comunicação em público – tem a grande função estratégica de gerar efeitos positivos, a fim de persuadir o público destinatário a:

- crer no conteúdo do discurso;
- produzir a resposta esperada pelo orador (aderir a uma campanha, comprar um produto, apoiar um projeto etc.).

Não basta, portanto, que a proposta contida no discurso seja de excepcional qualidade. Cabe ao orador mostrar ou tornar visíveis, ao público-alvo, as qualidades e vantagens dessa proposta.

Os leitores podem imaginar agora o grande desafio da Pakot: promover o lançamento do programa por meio de uma apresentação clara, objetiva e atraente, a fim de persuadir os vários segmentos da sociedade a contribuir efetivamente para a concretização do INOVAR.

☐ **Ato 1.** O sumiço do apresentador

Preocupada com a qualidade da apresentação pública do projeto, Ly, a gerente de comunicação corporativa da empresa, empenhou-se em preparar um evento à altura do valor e do significado que o INOVAR representa para a Pakot. Para criar uma atmosfera de expectativa e suspense, Ly programou o evento em três etapas:

> **Das 8h30 às 9h30**
> Salão Nobre – Recepção dos convidados e café da manhã com música ambiente.
> **Das 9h45 às 10h15**
> Auditório – Projeção de filmes sobre a criação, a história, as fábricas e os projetos sociais da Pakot.
> **10h30**
> Auditório – Apresentação do programa INOVAR.

E assim, depois de vários e minuciosos preparativos, eis que chegou o esperado dia do lançamento do INOVAR. Presença maciça de convidados, café da manhã de primeira qualidade, música ambiente suave...

O café corria alegre, animado, quando, de repente, Ly, a prestimosa gerente de comunicação, entrou correndo no salão, pálida, olhos arregalados, expressão assustada, como se tivesse visto um fantasma, e foi logo perguntando a Cléver, gerente de recursos humanos:

Ly – O vice-presidente! O vice-presidente é o apresentador oficial do lançamento: é ele que vai fazer a apresentação do INOVAR pra esse povo todo que está aí! Entendeu agora, seu Cléver?

Cléver – E daí? Qual é o problema? Foi uma boa escolha. Ele fala muito bem...

Ly – E daí, e daí, e daí! Mas será que não caiu a ficha ainda? E daí que seu ilustre vice-presidente não chegou ainda, já passa das 8 horas, a apresentação está programada para as 10 e meia! Ainda ontem telefonei para o vice, pedindo que ele chegasse por volta de 7 horas pra fazer um ensaio, mas até agora... nada! E eu só gostaria de lembrar, se é que você ainda não percebeu, que muitas autoridades e empresários chegaram cedinho. Você não vai querer que eles fiquem como idiotas, esperando pelo nosso vice a manhã inteira, né? O secretário de gestão ambiental – preste atenção: gestão ambiental... tem tudo a ver com nosso projeto! – ... esse secretário foi o primeiro a chegar e já me avisou que tem de sair até, no máximo, as 11 e meia: ele viaja para os Estados Unidos ainda hoje. Escute uma coisa, Cléver: se o vice não chegar agora, não teremos apresentação! Já imaginou o vexame?

Cléver – Calma, Ly, você é muito afobada. Por que é sempre li... li... li... ligeirinha? Cuidado, porque afobado ou come cru ou queima a boca. Posso dizer só uma coisinha? Não haverá vexame nenhum, pois garanto que nosso grande projeto, o INOVAR, será apresentado hoje mesmo! Eu garanto! Fique tranquila. Já tenho a solução salvadora: se o vice não chegar, sei quem pode fazer a apresentação... você já pensou no...

Ly – Mas você é uma gracinha, não? Só faltava essa! Eu aqui no maior sufoco, desesperada para ter notícias desse bendito vice, e lá vem você com sua "solução salvadora"! Um substituto... agora? Mas você deve ser meio "xarope", não? Estou tentando resolver um problema e você me arruma outro... Aliás, você não faz muita justiça a seu nome, porque Cléver significa "esperto", em inglês... Mas, afinal, quem será esse grande salvador?

Cléver – Nosso salvador é... posso falar?

Ly – Fale logo que o relógio está correndo!

Cléver – O salvador é o Tá!

Ly – Tá? Mas quem é o Tá?

Cléver – Não é possível, Ly! Não venha me dizer que você não conhece o Tá! Olhe pra esse sujeito que está bem à nossa frente! Não se lembra dele? Pois é o Tá!

Ly – Tá, Tá, Tá... vou eu lá saber quem é o Tá? Você vai me desculpar, isso já está virando uma palhaçada! Tá é nome de gente? É esse o cara que vai fazer a apresentação?

Cléver – Oh, Ly, agora você está falando bobagem. Será que não conhece o Tá? Esse cara não é um simples cara: ele é o Tácito, nosso gerente de controle de qualidade. É o cara que mais entende de qualidade, aqui. Você quer saber alguma coisa sobre qualidade? Fale com o Tácito: é um doutor no assunto! Apaixonado pelo tema, fez estudos e pesquisas no Brasil, nos Estados Unidos, na Europa... Hoje é especialista em tudo quanto é tipo de qualidade: qualidade do produto, qualidade da embalagem, qualidade do ambiente de trabalho, qualidade do atendimento... e até qualidade de vida! Aliás, é por isso que ele foi um dos mais ativos coordenadores do INOVAR! Você sabia disso, Ly? Sabia que o Tácito é um dos responsáveis pela criação do INOVAR?

Ly – O Tácito... coordenador... responsável pelo INOVAR? É... eu sabia mais ou menos... por alto... alguém me falou...

Cléver – Sabia mais ou menos?! Ora, Ly, onde é que vocês, de comunicação corporativa, estão com a cabeça? Tenha paciência! O Tácito tocou o INOVAR pra frente! Sem ele, esse projeto não ia sair nunca! Você não sabe, porque o Tácito é modesto, não gosta de se mostrar... Vou dar minha opinião sincera, e você não me leve a mal, por favor. Acho até bom que o vice não venha, e sabe por quê? Porque quem deve fazer a apresentação é alguém que conheça muito bem o projeto. E o Tácito conhece muito mais o INOVAR do que o vice: o Tácito pode ser nosso apresentador. E tem mais: o Tácito é legal, tem muita cultura, lê muito, conhece cinema, teatro, tudo! Parece que até latim ele conhece. E diz umas frases bonitas, recita poemas do Drummond, do Fernando Pessoa...

Ly – Ele não parece meio tímido? Será que fala bem? Sei não... fico em dúvida. Pode ser besteira minha, mas, já que ele estudou latim, será que sabe que tácito é uma palavra latina e significa "calado"?

Cléver – Ah, não, já é demais! Vamos tirar essas minhocas da cabeça, por favor. Confie em mim: o Tácito é inteligente, tem boas ideias. Ele vai fazer uma bonita apresentação. Deixe comigo: eu acerto com ele.

Ly – Espere um pouco que meu celular está tocando. Tomara que seja o vice! Alô, alô... sim, sim... é a Ly, estou ouvindo, pode falar... Como? Não, não é possível! Não acredito! Ele só vai chegar à noite? Mas o que é que aconteceu, meu Deus do céu? É mesmo? Ele conseguiu resolver o problema? E aí? Como é que eu faço? Quem vai fazer a apresentação? Dar um jeito como? Eu sei, eu sei, os slides estão prontos, o texto também está pronto, está tudo em cima da mesa dele... mas quem vai apresentar? Está bem, vou dar um jeito...

Cléver – O que foi que houve, Ly? Por acaso o vice não vem?

Ly – Ele só chega à noite; surgiu um problema de última hora e ele não pode vir. A secretária disse pra eu dar um jeito... como sempre, aliás...

Cléver – Então, Ly, me desculpe, mas... tem de ser o Tácito. Deixe comigo que eu acerto tudo com ele. A apresentação já está pronta, não? Ele entende do assunto, é do ramo, participou do projeto... Então, basta dar uma ensaiadinha...

Ly – Espere aí, Cléver, que a coisa não é tão simples assim. Primeiro, tenho de consultar nosso presidente, pra saber se ele concorda com a substituição do vice. Depois, tenho de explicar tudinho para o Tácito, senão ele vai ficar completamente perdido. Não é só ler o texto; ele vai ter de memorizar a sequência, porque, durante a leitura, vamos passar uns slides. Então... vamos falar com ele. E tem de ser rapidinho, porque o tempo está correndo!

■ INTERVALO 2

PLANEJAR É PRECISO

Antes de Ly e Cléver falarem com Tácito, vejamos as lições que se podem extrair da situação criada com o "sumiço" do apresentador, o vice-presidente da Pakot.

Lição 1

Na vida das organizações, essa situação não é rara. Estamos sujeitos, o tempo inteiro, a surpresas, imprevistos, acidentes e crises. Diz a sabedoria popular que "acidentes acontecem". No entanto, se é certo que, a cada momento, pode ocorrer um imprevisto, deve ser possível também que, por meio de um planejamento estratégico, possamos nos preparar para lidar com os acidentes.

Lição 2

No caso da Pakot, Ly está com a razão, pois se empenhou na preparação do evento, preocupada com a apresentação do projeto. Teria de prever, todavia, um plano B, designando um eventual substituto para o apresentador oficial. O substituto deveria submeter-se a uma preparação e a um treinamento para ter condições de fazer a apresentação.

Lição 3

Para justificar a indicação de seu candidato, Cléver invoca motivos questionáveis, ao observar que Tácito: a) foi coordenador do projeto e, portanto, o conhece profundamente; b) fez pesquisas no Brasil e no exterior; c) tem muita cultura e sabe latim; d) conhece poesia, recita Carlos Drummond de Andrade, Fernando Pessoa e diz frases bonitas.

Todas essas qualidades podem ser importantes num orador, porém não são suficientes. Não adianta falar "bonito". É preciso um planejamento e um ensaio. Não basta, como pensa Cléver, uma "ensaiadinha". Já vimos como o ato de falar em público é complexo e exige preparação. O despreparo e o improviso podem levar o orador a um desempenho desastrado.

Bem, vamos continuar assistindo ao drama, para saber o que aconteceu com Ly, Cléver e, principalmente, Tácito.

> Devagarinho, mansamente, Ly e Cléver foram cercando Tácito.

Ly – Tácito, precisamos de uma grande ajuda sua. O Cléver me disse que você trabalhou muito no nosso programa, é um *expert* em qualidade, é culto, lê muito...

Tácito – Bondade do Cléver, Ly. Não sou tudo isso... Trabalhei muito no INOVAR, é verdade...

Ly – Ora, deixe de modéstia! Todos dizem que você conhece o assunto, fala muito bem, lê muito...

Tácito – Olha, é verdade, eu gosto do tema da qualidade ambiental, gosto de ler muito, leio um pouco de tudo: filosofia, história, poesia, e, nas horas vagas, gosto até de declamar também, principalmente o Fernando Pessoa...

Ly – Então, estou dizendo: você é o cara que pode nos ajudar muito agora!

Tácito – Ajudar como?

Ly – Queremos que você faça a apresentação do INOVAR!

Tácito – Apresentação? Falar para toda essa gente lá no auditório? Eeeeeu? Quando? Hoje? Agora? Vocês devem estar malucos!

Ly – Tácito, deixe-me explicar: quem deveria fazer a apresentação era o vice-presidente. Só que ele não vem! Entendeu?

Cléver – Deixe comigo, Ly. Eu falo com ele. Aproveite e veja se o presidente concorda com a troca do vice pelo Tácito.

Ly sai correndo do salão, para falar com o presidente da Pakot. Cléver põe a mão no ombro de Tácito, conduzindo-o para outro canto do salão, enquanto vai falando em tom suplicante.

Cléver – Tá, você tem de ajudar a gente. Eu fiz a maior propaganda de você pra Ly, você não vai me decepcionar agora, né? Entenda bem a situação em que nós estamos: o vice sumiu, precisamos de alguém para fazer a apresentação, senão vai complicar tudo. Já imaginou a cara do nosso presidente, dos empresários, das autoridades, da mídia, esperando o vice que não aparece? Brincadeira, ô meu! Vai ser uma vergonha para todos nós! Eu prometi pra Ly que encontraria uma solução. E aí pensei em você: você é um *expert* no tema, fala bonito, declama bem... me lembrei da sua interpretação daquela poesia do Vinícius... aquele soneto... como é o nome mesmo?

Tácito – "Soneto de fidelidade"!

Cléver – É isso mesmo: "Soneto de fidelidade"! Que beleza! Inesquecível! Então, Tá, por favor, nos ajude!

A Ly não vai esquecer nunca. E tem mais: isso vai ser muito bom para o seu *marketing* pessoal aqui na empresa, você vai ficar mais "visível", as pessoas vão saber que você é que criou o INOVAR, você é o "pai da criança"... Já pensou nisso?

Tácito – Não, nunca pensei nem consigo entender o que deu na sua cabeça pra achar que eu posso ir lá na frente e fazer a apresentação! Logo eu, meu caro? Veja bem: até que posso declamar poesia pra vocês, na hora do cafezinho, num churrasco de fim de semana, mas... fazer uma apresentação é outra coisa! Minha área é controle de qualidade, lá não tem poesia nem "enrolação". Meu estilo é "curto e grosso". Por isso, não gosto de fazer discurso, não gosto de falar em público. Ainda mais assim, em cima da hora, à queima-roupa! Não dá, sabe? É verdade que fui o idealizador do INOVAR... mas falar lá na frente não é o meu forte. Não dá mesmo!

■ INTERVALO 3

MEDO:
O GRANDE RUÍDO NA COMUNICAÇÃO

Enquanto Ly fala com o presidente da Pakot, analisemos alguns momentos do diálogo entre Cléver e Tácito.

1. É louvável o argumento de Cléver para motivar Tácito a ser o apresentador. Esse seria realmente um bom recurso de *marketing* pessoal para a construção de uma imagem positiva. Ao expor o projeto INOVAR, Tácito

ganharia mais visibilidade na empresa, revelando-se o grande responsável pelo projeto. Como já assinalamos, uma das funções primordiais da comunicação é conferir visibilidade a nossas ideias e projetos.

2. Tácito, porém, está bloqueado por dois sérios ruídos: o medo e a insegurança. Ele mesmo reconhece a diferença entre um bate-papo informal e um discurso em público:

> [...] até que posso declamar poesia pra vocês, na hora do cafezinho, num churrasco de fim de semana, mas... fazer uma apresentação é outra coisa! [...] falar lá na frente não é o meu forte. Não dá mesmo!

3. É bom lembrar que Tácito se defende com uma justificativa questionável:

> Minha área é controle de qualidade, lá não tem poesia nem "enrolação". Meu estilo é "curto e grosso".

4. Trata-se de estereótipos que se manifestam sempre que experimentamos o mal-estar e o medo de falar em público. Procuramos encobrir nossas dificuldades argumentando que nosso estilo é "curto e grosso", sem "enrolação" ou poesia. É um equívoco que revela uma percepção distorcida da comunicação e da poesia. Comunicar não é "enrolar". Bem utilizada, a comunicação é a grande ferramenta estratégica que remove barreiras e propicia visibilidade a nossas ideias e projetos. O fato de procurarmos explicar com detalhes um projeto é um exercício de clareza, e não de "enrolação". Se assim fosse, o comunicador

perderia a credibilidade – como acontece, aliás, com políticos que, por exemplo, não cumprem o que seu discurso prometeu.

5. Por outro lado, poesia também não é "enrolação", embora muita gente a considere algo abstrato, fora da realidade. Que pena! A poesia é a grande dimensão criativa: sem ela, nossa linguagem não seria capaz de expressar nosso pensamento e nossas emoções, uma vez que ficaria cada vez mais empobrecida até chegar à estagnação. Para sermos mais criativos, oxalá pudéssemos cultivar sempre a função poética da linguagem!

6. Mais um engano: a frase "Meu estilo é curto e grosso" esconde, na verdade, a insegurança e o mal-estar em enfrentar os outros. É um modo de livrar-se rapidamente do sofrimento de comunicar-se em público. Mas é bom assinalar que a mensagem "curta e grossa" é fonte de muitos ruídos de entendimento.

7. É necessário considerar, porém, que não há nada de anormal com o medo. Ele é, certamente, o mais humano dos sentimentos, como mostra o verso de nosso caro poeta Drummond: "Em verdade temos medo". Explica-se assim a reação de desconforto de personalidades que lidam com comunicação e mídia. Foi o caso, já mencionado, do cineasta que, ao não ser premiado num famoso evento, sentiu-se aliviado por ter sido poupado da obrigação de fazer discurso, "experiência que caracteriza como dolorosa".[1]

8. Ainda assim, nada impede que, no caso de falar em público, seja possível lidar com o medo e a insegurança, desde que desenvolvamos e pratiquemos as técnicas e as habilidades de comunicação oral.

Voltemos à Pakot.

Ly retornou, sorridente e vitoriosa, da conversa com o presidente da Pakot. Tácito foi aprovado como o novo apresentador do INOVAR. Voltemos, então, à conversa entre Cléver e Tácito. O leitor deve lembrar-se de que o diálogo foi interrompido pelo Intervalo 3, exatamente no momento em que Tácito dizia: "falar lá na frente não é o meu forte. Não dá mesmo!".

Cléver não aceita o argumento e continua insistindo para que Tácito seja o apresentador. Vejamos se conseguirá.

> **Cléver** – Dá, claro que dá. É só um ensaiozinho. Nós temos mais de uma hora ainda! E, se der um branco, você sabe se virar, é inteligente! Invente qualquer coisa, uma daquelas frases poéticas que você está acostumado a citar. A Ly vai ajudá-lo, vai explicar tudo direitinho. Ô, Ly, venha aqui, por favor, converse com o Tá...
>
> **Ly** – Veja bem, Tácito, não tem nada complicado: você conhece muito bem o INOVAR, a apresentação já está pronta, os slides estão prontos, a gente projeta pra você, tudo deve durar, no máximo, uns trinta minutos. O texto tem umas doze laudas: dê uma lida, sublinhe os trechos que você quer realçar, e observe bem estes sinais aqui: eles marcam pausas, que você deve fazer pra gente projetar o slide. Está tudo pronto, você não vai ter problema...
>
> **Tácito** – Não vou ter problema? Vou ter, sim! Aliás, já estou tendo... sabe o quê? Uma bela taquicardia, acompanhada de uma brilhante dor de barriga! Ly, pense bem: uma apresentação, assim, de repente... Posso lhe fazer uma pergunta: por que é que você, Ly, gerente de comunicação da Pakot, não faz essa

apresentação? Você, que entende do assunto, que deu cursos sobre como fazer apresentações, que sabe falar em público... Afinal, por que não você?

Ly – Não é tarefa minha. Essa apresentação deve ser feita por uma autoridade no assunto, alguém que represente a empresa, que tenha um valor simbólico. Por isso pensamos no vice-presidente, que é justamente nosso orador oficial. Ele mesmo me disse que fazia questão de apresentar o programa e que sua secretária já tinha preparado tudo. O problema é que ele não vem! Então, tem de ser alguém que conheça bem o INOVAR. Só pode ser você, Tácito. Tá... posso chamar você de Tá, né?... Tazinho, às vezes a gente tem de fazer um sacrifício na vida... hoje pode ser um grande dia para você. Para você e para a Pakot. É um belo projeto, você trabalhou com a equipe de criação, é um assunto que você conhece bem: qualidade de vida! É para você se sentir orgulhoso: pense bem, você está apresentando um projeto que é praticamente seu! É um programa de grande significado social! Vai ser bom para sua imagem, para a imagem da Pakot... para todo mundo, enfim! Como bem disse o Cléver, você é inteligente, tem cultura, fala bonito... faça uma forcinha... Você vai ficar "preso" nesta sala aqui, ensaiando o discurso; vou trancar a porta, ninguém vai atrapalhar... Procure concentrar-se, você tem um tempinho, quase uma hora, para se preparar. Tudo vai dar certo. Daqui a pouco venho chamá-lo. Você está sabendo, não é, que a apresentação vai ser no auditório, no púlpito... E capriche porque tudo vai ser filmado! Já imaginou que chique você vai ficar na TV?

☐ **Ato 2.** O suplício de Tácito – Parte I

Cercado pelas quatro paredes da sala em que fora confinado, longe da agitação do salão nobre, Tácito lia o texto da apresentação, pensando no momento que estava por enfrentar...

Tácito (pensando) – Cléver vive fazendo uma propaganda danada das minhas declamações poéticas, mas isso é entre amigos. Meu negócio mesmo é controle de qualidade de produtos. Isso eu sei fazer, e muito bem. E na minha área não tem "enchimento de linguiça" nem "perfumaria". Quando tenho de dizer algo, eu falo "curto e grosso". Comigo é assim. Agora, fazer apresentação "bonitinha"... não é comigo... ainda mais falar na frente de todo mundo e diante de uma câmera de TV! Dá medo, sabe? Mas, por outro lado, pensando bem, o Cléver até que pode ter razão: essa apresentação pode ser uma boa oportunidade para "ficar mais visível" na empresa. É *marketing* pessoal! Preciso mostrar a todos que quem entende de qualidade sou eu! Sou o criador do projeto. E, já que eles dizem que eu falo bonito, se esquecer alguma ideia, invento uma frase bonita... enfim, vou dar um jeito. Tenho tudo para acertar: o texto está aqui na minha frente, os slides prontos... Vinte minutos passam rápido. Aliás, pensando bem, talvez nem dê tempo de ler o texto inteiro. Já sei o que vou fazer. Vou pinçar as ideias principais, projetar uns slides e, quem sabe, fazer umas citações poéticas, filosóficas... Porque, como bem lembrou o Cléver, ao menos nisso eu sempre me saio bem. Aliás, bem que poderia começar falando do programa de qualidade que criei aqui na Pakot. Vou até incluir meu CD com os slides sobre qualidade e aumento de vendas...

Animado, Tácito ia grifando trechos e frases do texto e anotando alguns lembretes na própria mão. Eis que a porta da sala se abre e entra Ly, como sempre apressada, ansiosa, olhando o relógio.

Ly – E então, Tácito, tudo bem? Conseguiu? Vamos, que já são quase dez e quinze. O pessoal está vendo os filmes. O auditório está lotado: presidente, acionistas, autoridades, políticos, jornalistas, o cinegrafista com a câmera de TV, enfim, todos estão esperando sua apresentação. Vamos?

Tácito – Estou pronto, Ly. *Alea jacta est*!

Ly – "Alia" o quê? Não entendi.

Tácito – É latim, Ly. *Alea jacta est* significa "Os dados estão lançados", como dizia César, o grande imperador romano.

Ly – Bonita frase! Você é um cara culto, sabe? Veja se consegue encaixar essa frase na apresentação... Estou gostando. Já vi que você vai "detonar". Ótimo! Então, vamos combinar o seguinte: eu abro o evento no auditório, cumprimento o presidente, as autoridades, agradeço a todos pela presença e, depois, vou convidá-lo para ir ao púlpito fazer a apresentação. Vá com calma e lembre-se de que você está sendo filmado. Ah, quando precisar projetar um slide, não se esqueça de fazer um sinal para o técnico que está operando o computador, certo?

Tácito – Estou calmo, Ly. E você também pode ficar tranquila. Acho que a apresentação ficou boa. Pensei bem e, naquela sala bucólica em que você me colocou, consegui montar um novo *script*: aproveitei partes do texto do vice e encaixei comentários meus sobre o INOVAR... coisas que conheço bem, sabe? A origem do programa, o conceito de qualidade, o papel social da Pakot, a metodologia de inclusão social... enfim, acho que vai ser legal. Ah, ia me esquecendo. Por favor, Ly, peça ao técnico de audiovisual para pôr primeiro esse CD aqui, porque eu vou começar falando da relação entre qualidade e desempenho.

Ly – E você acha que vai ficar bom? Não vai mexer na sequência dos slides? Veja bem, Tácito, o vice já deixou tudo pronto!

Tácito – Pode ficar tranquila. Vai ficar ótimo. Deixe comigo.

Ly – Espero que dê certo! Vá em frente! Sucesso! Pode ir para o auditório. Eu vou agora, para abrir o evento.

INTERVALO 4

GANCHOS:
UM TEMPERO INDISPENSÁVEL...
QUANDO ADEQUADO

Enquanto Ly se prepara para abrir o evento e Tácito aguarda o momento de entrar em cena, vamos aproveitar e resgatar algumas passagens dos últimos diálogos, em que Ly e Cléver procuram estimular Tácito a utilizar ganchos para atrair a atenção da plateia.

É oportuno, antes, mostrar o papel dos ganchos no processo comunicativo. Já insistimos no fato de que comunicar não se restringe a "passar" informações. Para persuadir uma plateia, o comunicador tem de produzir mensagens atraentes, que gerem efeitos positivos e captem a atenção dos ouvintes. E, para que seja atraente, a mensagem deve conter ganchos, isto é, atrativos que provoquem interesse e motivação. Gancho é todo recurso que prenda a atenção do ouvinte: um caso, um exemplo, uma dramatização, uma história engraçada, uma experiência marcante, uma frase de efeito, uma ilustração (slides, filmes) etc.

Para produzir o efeito desejado, o gancho tem de ser planejado, a fim de funcionar de modo coerente e bem articulado no conjunto da apresentação. Uma piada, por exemplo, pode ser um gancho; mas, se ela não tiver nenhuma conexão com o conteúdo do discurso, poderá tornar-se um antigancho. O gancho não deve, portanto, ser atirado de improviso ou ao acaso no meio de uma apresentação.

Apesar das boas intenções, as sugestões de Ly e Cléver, entretanto, não correspondem ao bom uso de ganchos. É o que podemos verificar nas seguintes falas:

Cléver – E, se der um branco, você sabe se virar, é inteligente! Invente qualquer coisa, uma daquelas frases poéticas que você está acostumado a citar.
Ly – Bonita frase! Você é um cara culto, sabe? Veja se consegue encaixar essa frase na apresentação...

Para produzir um bom gancho, não adianta "inventar qualquer coisa" nem "encaixar" uma frase bonita na apresentação. É preciso que o gancho tenha um nexo coerente e lógico com o conteúdo da mensagem.

Voltemos ao evento da Pakot. Ly vai abrir o encontro e Tácito já vai entrar no auditório.

☐ **Ato 2.** Parte II

Tácito entrou no auditório e sentou-se numa cadeira, do lado esquerdo das primeiras fileiras.

Tácito aguardava o momento de ser chamado ao púlpito quando Beto, o técnico de audiovisual, agachado a seu lado, anunciou-lhe baixinho, ao ouvido, que o microfone do púlpito não estava funcionando.

> **Tácito** – Mas, pô, não é possível, cara! Eu vou ficar sem microfone? Logo agora? Isso é um pé no saco, não?
> **Beto** – Me desculpe, Dr. Tácito, mas o microfone pifou mesmo. Agora não vai dar para consertar. Pra não perder tempo, o senhor pode usar aquele microfone de pedestal, no lado esquerdo do palco. Eu já avisei a Dona Ly, ela também vai usar esse microfone de pedestal.
> **Tácito** (em voz alta, chamando a atenção de todos) – Isso vai me complicar a vida, pô! Você me aprontou uma "baianada": sem o púlpito, eu vou ter de ficar segurando os papéis na mão!
> **Beto** – Calma, Dr. Tácito, a gente põe uma mesinha bem ali do lado do microfone, para o senhor colocar os papéis...

Visivelmente irritado, Tácito olhava o texto, checava os lembretes, palavras anotadas a tinta em suas mãos, aguardando Ly anunciar seu nome, quando ouviu o toque do celular: a valsa "Danúbio Azul".

Ele sai furtivamente para atender ao telefone, atrás das cortinas da porta de entrada do auditório. Na plateia, as pessoas olham.

> **Tácito** – O que será agora? Alô, alô, fala, estou ouvindo... fala! Ô, saco! Caiu a linha! É a minha mulher... é o número de casa... o que é que pode estar acontecendo?

Tácito ia voltando para seu lugar quando ouviu, novamente, o "Danúbio Azul". Retornou para a porta, parcialmente escondido pela cortina, a fim de poder ver o sinal de Ly, diante do microfone de pedestal, pronta para abrir o evento.

Tácito – De novo! Só pode ser minha mulher!

Enquanto Tácito grita ao celular, usando linguagem chula, pessoas da plateia entreolham-se, espantadas. Ly, no palco, de cabeça baixa, está constrangida.

Tácito – Alô, alô... é você? O que é que houve aí em casa, pô? Fala logo que eu não tenho muito tempo, vou fazer uma apresentação agora! Quê? Não acredito, puta que pariu! Perdeu o talão de cheque! Puta merda! De novo? O mês passado você perdeu o cartão, agora o cheque! Assim não dá, pô! Eu não tenho tempo, você se vira e resolve o problema aí...

Tácito volta furioso para seu lugar. Quase dez e meia. Ly, no palco, vai saudar a plateia e anunciar a apresentação do INOVAR.

■ INTERVALO 5

DOIS RUÍDOS DEMOLIDORES: FALTA DE PERCEPÇÃO E FALTA DE EMPATIA

É claro que o leitor deve ter percebido como foi desastrado o comportamento de Tácito em dois episódios: o conflito com Beto, técnico de audiovisual, e o uso do celular. Fruto da tensão e do nervosismo, as reações de Tácito revelaram:

- absoluta falta de percepção do próprio comportamento inconveniente em local público e sob os olhares dos presentes;
- falta de empatia no relacionamento com o técnico e com a esposa, ao telefone;
- uso inadequado do celular em local público;
- abuso de linguagem chula.

Tais ruídos comprometem irremediavelmente a imagem do comunicador. Por isso, o sucesso da comunicação em público exige um investimento total nestas condições básicas:

- autopercepção;
- percepção do ambiente;
- empatia.

Não parece ser esse o caso de Tácito. Podemos esperar, assim, ruídos e problemas em sua apresentação – que, por sinal, já deve estar para começar. Vamos até o auditório para assistir à abertura de Ly e, em seguida, à apresentação de Tácito.

Não haverá mais interrupção para intervalos. Queremos que o leitor vá registrando as qualidades e os erros ou ruídos de Tácito. Depois da apresentação, será feita uma avaliação geral.

☐ **Ato 2.** Parte III

Ly – Um caloroso bom-dia a todos os presentes! Senhor presidente, autoridades, acionistas, empresários, clientes, fornecedores, investidores, representantes das organizações de terceiro setor e demais organizações e associações da sociedade civil, colegas da mídia, distinto público, muito obrigada por sua presença neste momento tão especial. Para cumprir suas metas de responsabilidade social, a Pakot quer oferecer sua contribuição para o Brasil, convidando toda a sociedade a colaborar com o INOVAR, um programa de integração e inclusão social. Convidamos a todos para assistir à apresentação de nosso programa INOVAR.

Gostaríamos de esclarecer que, pela urgente necessidade de resolver problemas em uma das fábricas do interior, nosso vice-presidente nos incumbiu de apresentar-lhes suas sentidas desculpas pela ausência e por não poder fazer a exposição do projeto, conforme tínhamos programado. Mas fiquem tranquilos: a apresentação será feita por um substituto que não nos decepcionará. É o nosso querido Tácito, gerente de controle de qualidade da Pakot e um dos idealizadores do INOVAR. Com a palavra, Tácito!

Em meio a aplausos da plateia, Tácito sobe, pelo lado direito do palco, em direção ao púlpito. Entre tenso e atordoado, mãos crispadas segurando o texto, ele percebe que se enganara ao notar os gestos do aflito técnico de som, apontando-lhe com o dedo o microfone de pedestal. Bem próximo do púlpito, muda rapidamente o trajeto e dirige-se para o outro lado do palco, mas acaba tropeçando nos fios espalhados pelo chão e quase leva um tombo.

Murmúrios e risos abafados na plateia. Tácito se coloca, finalmente, diante do microfone de pedestal, retém algumas páginas na mão, deposita o restante do texto sobre a mesinha, olha para a plateia, consulta com esforço as anotações escritas nas mãos, respira fundo e começa.

Tácito – Senhor presidente, ilustres autoridades presentes, membros do conselho de acionistas, demais autoridades, pessoal da imprensa, eeeeh... quem mais?... ah, sim, os companheiros das ONGs, colegas! Neste momento, eeeeh, é uma grande honra, tá certo, é uma grande honra poder estar falando aqui do nosso INOVAR, eeeeh...

Tácito revira os papéis, procurando uma anotação no verso de uma página e nas mãos.

Tácito – Eeeh... como eu dizia, recebi com uma grande emoção o convite para vim falar hoje para vocês sobre esse belo programa social que é o INOVAR. Na verdade, como bem explicou a Ly, quem deveria vos falar agora seria o nosso vice-presidente, que, infelizmente, não é, por motivo de força maior, não é, não pôde comparecer ao lançamento do INOVAR, certo? E gostaria de comunicá-los de que esta ausência se deve a um motivo realmente de força maior. Uma emergência em uma de nossas fábricas do interior... risco de um desastre ambiental! Isso vai, eeeeh, ao encontro da grande missão da Pakot que, como todos sabemos – não é? –, é "criar produtos de qualidade e preservar o ambiente", certo? Mas, felizmente, o problema do vazamento foi resolvido, certo?, porque, de fato, havia um vazamento de ácido de alta periculosidade, o que poderia trazer sérios danos à região. Felizmente, o vazamento foi estancado a tempo e, assim, conseguimos cumprir nossa missão, não é?, que é, como todos sabem, "produzir qualidade e preservar o ambiente", certo? O vazamento foi estancado a tempo porque nosso programa de qualidade criou um plano para gerir situações de emergência e, sempre que houverem problemas de vazamento, estaremos devidamente preparados. Aliás... eeeeh... fazem meses que não temos acidentes... nosso diretor pediu... tá certo?... pediu para mim fazer um relatório da evolução da qualidade dos produtos da Pakot e... eeeh...

Tácito revira os papéis na mesinha, pega uma página com um trecho grifado em amarelo e o rosto se anima com uma lembrança.

Tácito – Aliás, por falar em qualidade, eu gostaria de anunciar a todos aqui presentes que, graças ao nosso programa de controle de qualidade de produtos e serviços, a Pakot deu, de 2014 para 2015, um grande salto quantitativo e qualitativo nas vendas. Basta observar esta planilha que vou mostrar agora...

Tácito gesticula para o técnico de audiovisual, sentado ao lado do projetor, em frente ao palco.

Tácito – O primeiro slide, por favor!

O técnico permanece imóvel em frente ao palco, sentado na cadeira, braços cruzados, meio sonolento.

Visivelmente irritado, Tácito repete a ordem num tom agressivo:

Tácito – Ô, amigo, está me ouvindo? O primeiro slide, rápido!

O técnico endireita-se na cadeira, como se estivesse acordando, e projeta o primeiro slide. A imagem aparece ao fundo do palco, atrás de Tácito, que está de frente para a plateia e de costas para a tela.

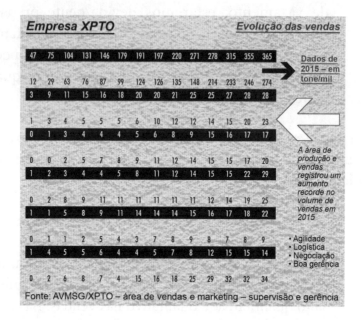

Tácito vira as costas para a plateia, colocando-se na frente da tela. Aponta, com o dedo indicador, os dados do slide.

Tácito – Como vocês podem verificar aqui nesses números, em 2015 a área de produção e vendas registrou um aumento recorde no volume de vendas!

Volta-se para plateia, na frente da tela, com o rosto salpicado de números e cores do slide.

Tácito – Este excelente resultado é fruto, meus caros, de nosso programa de qualidade. E, por isso mesmo, achamos mais do que justo estender esse conceito de qualidade, e todo o nosso conhecimento sobre qualidade, para o bem-estar da sociedade. E assim começou o INOVAR. É até interessante lembrar quando se falou pela primeira vez do INOVAR. Estávamos fruindo as delícias de um churrasco no sítio de nosso vice-presidente. Aí começou uma conversa sobre métodos de controle de qualidade e eu me lembrei de um caso ocorrido em Ravínia, minha cidade natal. O caso aconteceu no Parque Municipal, que tinha a fama de mal-assombrado, por causa de um crime que houve por lá. Ou um suicídio, ninguém ficou sabendo direito o que de fato aconteceu. O parque ficava perto da Praça do Vaivém, sabem, a praça onde, domingo à noite, o pessoal ia namorar. Então...

Sentada na primeira fileira da plateia, Ly, muito aflita, discretamente mostra o relógio em seu pulso e faz um gesto para Tácito ir mais rápido. Ele, reagindo assustado ao sinal de Ly, vira-se para a plateia, colocando-se na frente do slide projetado na tela, bate palmas com um ruído estridente e pede ao técnico para projetar o slide seguinte.

Tácito – Bom, pessoal, mas o tempo está passando e temos muita coisa ainda para falar. O plano de apresentação do INOVAR é o que veremos agora. Por favor, amigo, o próximo!

Para espanto de Tácito, de Ly e, pior ainda, do presidente e da plateia, o slide projetado não ilustrava o plano do INOVAR, mas uma embalagem produzida pela Pakot. Por um lapso de Tácito, seu CD sobre vendas e qualidade não fora substituído pelo CD do INOVAR. Irritada, Ly apressou-se em corrigir o erro, fazendo um sinal com as mãos e pedindo ao técnico para colocar o CD do programa. Tácito, perplexo, ficou paralisado no palco.

Ly – Beto, por favor, o outro CD e o primeiro slide, por favor!

Diante de um Tácito imóvel, o técnico levanta-se da cadeira e projeta o slide do plano de apresentação do INOVAR.

Pakot Equipamentos e Embalagens S.A.

Programa INOVAR

PLANO da Apresentação
1) Porque o INOVAR:
2) O atual ambiente sócio-economico no Brasil;
3) A responsablidade social das empresas;
4) Inclusão social e diversidade;
5) A criação do programa INOVAR: o nome do programa;
6) Participantes e brain-storming;
7) Questões priritárias;
8) Ações prioritárias: escolas de formação, equipes de instrutores, encaminhamento de instrutores as comunidades, pesquisa de campo e estudo do meio, laboratórios, oficinas e simulações e exercícios de criatividade;
9) Recursos humanos
10) Recursos tecnológicos e físicos;
11) Como a empresa, o governo e a sociedade civil, no atual contexto político e econômico pode e deve colaborar.

Tácito, com ar constrangido, desculpa-se pelo engano e, novamente de costas para a plateia, vai apontando com as mãos, na frente da tela, os 11 itens do slide.

> **Tácito** – Bem, peço-lhes, sinceramente, desculpas pelo engano. Com toda a honestidade, devo confessar que foi falha minha. Ok, gente? Certo? Como vocês podem ver aqui, vamos começar mostrando a origem do programa INOVAR, certo? ok. Depois, vamos falar sobre a questão social e econômica do Brasil, os problemas de pobreza e exclusão social. Ok? Aí, comentaremos sobre a responsabilidade social da Pakot e o que significa o INOVAR, não é?

A plateia mostra cansaço. Alguns conversam, outros leem jornal. Ly gesticula, pedindo que Tácito acelere o ritmo.

> **Tácito** – Bom, pessoal, vamos ao que interessa! Qual é o objetivo do INOVAR, certo? O que nos mostra esta cena? Próximo slide, rápido!

Antes da mudança de slide, um jornalista, de uma das fileiras da plateia, pede para manter o slide do INOVAR e levanta dúvidas sobre a redação.

> **Péricles** – Com licença, meu nome é Péricles. Sou do *Jornal do Bairro*, do caderno Educação. Sr. Tácito, por favor, tenho algumas dúvidas e queria que o senhor me esclarecesse umas coisas sobre o slide. No primeiro item, não deve ser *por que*, separado? No segundo item, o certo não é *socioeconômico*, com acento circunflexo no quarto "o" e sem hífen? Não estaria faltando um *i* na palavra *responsabilidade*, no

terceiro item? Quando um item termina por ponto e vírgula, não é aconselhável que o seguinte comece por letra minúscula? Desculpe-me, não quero ser desagradável, mas estamos fazendo um curso de redação no jornal e eu gostaria de tirar essas dúvidas.

Como um boxeador que tivesse sofrido um golpe, Tácito recebe as perguntas do jornalista como uma bofetada no rosto. Perplexo, começa a gaguejar, procurando, vacilante, uma explicação pouco convincente.

> **Tácito** – Veja bem, eeeeh, bom, acontece que o que ele está perguntando não tem muito a ver... sabe, as regras de português mudam sempre... não é o nosso foco agora... deve ter sido erro de digitação da secretária...

Com a mão no rosto e meneando a cabeça, Ly, sentada na plateia, pensa: "Ah, meu Deus, quanta besteira: o vice não fez a revisão do slide, o Tácito não esclareceu nada... tomara que ele termine logo...".

Tácito retoma, vacilante, a apresentação, pedindo ao técnico que projete o próximo slide.

> **Tácito** – Ok, gente, continuando... ok? Vamos ver, onde eu parei mesmo? Ah, sim, eu ia mostrar uma cena para vocês, certo? Próximo slide, rapidinho, certo?

O slide projetado mostra uma cena de bairro de periferia, com lixo acumulado, favela, crianças maltrapilhas, num quadro geral de pobreza e miséria. Tácito, na frente da tela, lançando sombras na cena mostrada pelo slide, fala, num tom emocionado:

Tácito – Pois bem, o INOVAR surgiu para combater essa miséria que vocês veem aqui. E como? O INOVAR é um programa, eeeeh, que se propõe a conscientizar, a educar, a treinar a comunidade excluída a descobrir soluções para resolver seus problemas de sobrevivência, de saúde, de educação, de qualidade de vida, enfim. Em vez de depender, não é?, de ajuda paternalista, as pessoas aprenderão, ok?, a encontrar soluções criativas em seu próprio ambiente, explorando os recursos da natureza, o lixo reciclável e outros materiais, certo?

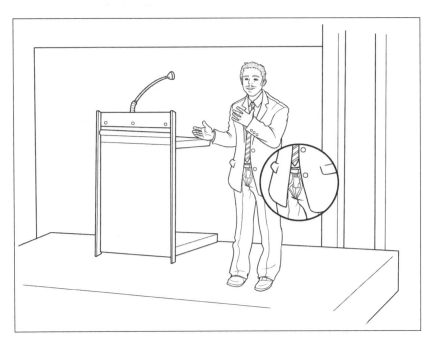

Entusiasmado, de braços abertos, paletó desabotoado, Tácito não percebe que o zíper de sua calça está acintosamente aberto. Ly, desesperada, pede ao técnico que leve um bilhete para o gerente. Tácito lê o bilhete e, atordoado, de costas para o público, fecha o zíper.

Tácito – Desculpem por mais essa interrupção. Continuando, eeeeh, eu dizia que, ah sim, eu dizia que o INOVAR vai estar habilitando as pessoas a descobrir soluções no seu próprio ambiente. Por exemplo, o biomapa comunitário.

A expressão "biomapa comunitário" foi pronunciada em voz baixa, com uma dicção inaudível. O jornalista Péricles, do *Jornal do Bairro*, reclama, queixando-se por não ter entendido a expressão.

Péricles – Não entendi! O senhor disse "bio..." o que mesmo?

Tácito reage com irritação, repetindo, sílaba por sílaba, pausadamente, com voz agressiva, a expressão "biomapa comunitário":

Tácito – Vamos lá! De novo: bi-o-ma-pa co-mu-ni-tá-rio! Entendeu? Esse é um conceito fundamental para compreender nosso método de trabalho!
Péricles – Tá bom, tá bom, calma, já entendi, já entendi...

Descontrolado, Tácito não consegue retomar a sequência das ideias:

Tácito – Entenderam? Eu disse "biomapa comunitário", certo? Ok, gente? Eeeeh... tudo bem, então? Ok, vamos continuar, vamos lá, pessoal!

Percebendo o mal-estar e o clima pesado, Ly faz um sinal para estimular Tácito a continuar a apresentação. Pouco a pouco, ele recobra o ânimo:

Tácito – Bem, como eu dizia, biomapa comunitário é um conceito fundamental para compreender nosso método de trabalho!

A plateia mostra-se mais atenta. Ainda com o slide da pobreza projetado na tela, Tácito, voltado para a audiência, inflama-se:

Tácito – O biomapa comunitário é uma maneira divertida de levar os alunos de uma escola de periferia ao mapeamento e ao conhecimento da realidade local, certo? O biomapa é o mapeamento das coisas que são necessárias, não é?, à vida e que fazem parte da vida cotidiana. Os alunos podem visualizar o espaço em que vivem e como a infraestrutura presente pode contribuir para a qualidade de vida, ok, gente? Assim, podemos conduzir os alunos a criar fontes de energia. Vejam bem: não vamos presenteá-los com energia, mas ensiná-los a criar energia, não é? Eeeeh, como sempre diz o nosso querido presidente: "Não dê o peixe ao indivíduo, ensine-o a pescar"! De fato, ensinando as pessoas a pescar, elas adquirem autonomia e não dependem de outros.

Ly, reanimada, mostra novamente o relógio para Tácito. Este, sobressaltado, olha também para seu relógio de pulso.

Tácito – Bem, parece que o meu tempo está terminando, eeeeh, então vou pular esses slides... não é? Eu gostaria de dizer, pelo menos, que a vantagem do INOVAR é que os alunos não precisarão ganhar o peixe, pois, como sempre diz nosso presidente, basta que eles aprendam a pescar. Eeeeh, aprendendo a pescar, eles se tornam autônomos...

Ly, impaciente, enche as bochechas, suspira fundo, faz um sinal para Tácito correr e pensa: "Acaba logo com essa pescaria!" Percebendo o sinal de Ly, Tácito retoma seu comentário, depois de consultar os papéis e suas mãos.

Tácito – Como eu dizia, não é?, o tempo está terminando e eu só gostaria de dizer que, aprendendo a pescar, os indivíduos se tornam autônomos, podem descobrir soluções próprias, são capazes de criar produtos, abrir empresas, ser empreendedores. Imaginem só a emoção de alguém ao abrir seu próprio negócio...

Ao pronunciar essa frase, Tácito faz, com as mãos, um gesto inconveniente que provoca murmúrios e risos na plateia.

Perturbado, e a um sinal de Ly, ele desfaz o gesto e continua sua fala:

> **Tácito** – Como eu dizia, não é?, de novo, se o indivíduo é autônomo, ele pode criar seus produtos e seu negócio. É a velha história do ovo e da galinha: sem autonomia, somos sempre dependentes e não criamos nada. Autônomos, somos capazes de criar e de liderar equipes. Com essa formação básica, cada um poderá tornar-se um elo de ligação e compartilhar seus conhecimentos com a comunidade. Bom, mas o tempo está terminando... então, vamos pular esses últimos slides... não é? E eu gostaria de concluir, fazendo um apelo a todos. Ajudem-nos a concretizar o programa INOVAR. Como dizia, eeeeh, como dizia o poeta... eeeeh, como dizia... certo?

Aflito, Tácito revira as páginas na mesinha e, aliviado, acha o lembrete salvador em suas mãos.

> **Tácito** – ... como dizia o grande Fernando Pessoa, "tudo vale a pena, se a alma não é pequena"! Bom, é isso aí! É basicamente isso que eu tinha para falar!

A plateia aplaudiu em pé. Ly, aliviada, pensou: "Ufa! Acho que ele se salvou no final. Aliás, Fernando Pessoa nos salvou a todos".

> **Cléver** (aproximando-se de Ly) – Não falei que o Tácito ia declamar poesia no final?
> **Presidente da Pakot** (cumprimentando Ly) – Gostei do final. Mas acho que ele cometeu alguns erros.

É bom conversar com o Tácito. Ele precisa melhorar bastante. Queremos que ele faça novas apresentações do INOVAR.

Tácito (descendo do palco e abraçando Ly) – Obrigado por toda a ajuda! Mas eu sofri muito lá no palco. Acho que fui mais ou menos. Gostaria de um *feedback* seu. Seu e do Cléver, que me pôs nessa "fria".

Ly (aliviada e solícita) – Mas é claro, Tácito. Eu quase chorei com o Fernando Pessoa. O final foi bom. Mas precisamos conversar muito: o presidente quer que você faça outras apresentações do INOVAR. Vamos combinar o seguinte: a apresentação foi filmada. Vamos marcar uma reunião, você, Cléver e eu. Passamos o vídeo e faremos a avaliação de sua performance. Combinado?

Tácito (sorridente) – Combinado! Mas não poupem as críticas! Façam uma avaliação implacável! Quero ver meus erros para melhorar, quero vencer esse medo de falar em público.

■ **INTERVALO 6**

A AVALIAÇÃO DE TÁCITO

O leitor atento deve ter notado que as várias falhas e os ruídos na apresentação de Tácito decorrem, em primeiro lugar, da falta de planejamento e de ensaio. Falta de organização de ideias, repetições, falta de persuasão e de empatia, problemas de expressão verbal e expressão corporal, prolixidade, falta de domínio de recursos audiovisuais e, sobretudo, falta de autopercepção e de percepção do ambiente.

Todos esses ruídos serão assinalados na reunião de avaliação do desempenho de Tácito. O método de avaliação utilizado por Ly é extremamente eficaz: ao contemplar a si próprio no vídeo, Tácito poderá fazer uma autoavaliação, e essa é a melhor forma de aprendizagem.

Vamos assistir a essa aula de crítica e autocrítica.

☐ **Ato 3.** A redenção de Tácito

Consciente de suas dificuldades, Tácito, acompanhado de Ly e Cléver, assistiu ao vídeo de sua apresentação. Inicia-se a avaliação.

> **Tácito** – Acho que cometi muitos erros. Misturei os assuntos, fiquei de costas para a plateia, estava tenso demais e fui redundante com aquela história de ensinar a pescar. Agora, o que me irritou mesmo foi a repetição de palavras... como é o nome mesmo?
>
> **Ly** – Cacoetes!
>
> **Tácito** – Isso mesmo, cacoetes! Ah, meu Deus, quanto cacoete! Eu não aguentava mais ouvir: "eeeeh, certo, não é, ok"! Eu não entendo. Por que tanto cacoete?
>
> **Ly** – Sabe, o cacoete é uma espécie de muleta em que você se apoia para preencher um vazio na fala, para disfarçar as hesitações, para encontrar o fio da meada. O cacoete é um recurso que usamos quando as ideias não estão muito bem conectadas. Por falta de um bom planejamento e de uma boa preparação, um bom ensaio, o apresentador pode ficar confuso, não encontrar as palavras exatas ou a sequência das ideias, e aí ele recorre ao cacoete

"salvador". Mas essa repetição, é claro, transforma-se num ruído de comunicação.

Tácito – Pelo visto, o cacoete é reflexo da insegurança. E esta, por sua vez, resulta da falta de planejamento e de preparação, certo?

Ly – Certo, Tácito. E um bom planejamento significa seleção das informações relevantes. Você deve ter percebido que a história do churrasco e o caso da sua cidade natal não tinham relevância alguma para os ouvintes. Até mesmo o primeiro slide, aquele sobre vendas em 2015, logo no início da apresentação, ficou um pouco fora de foco. Por outro lado, você investiu muito tempo nessas informações pouco relevantes e na leitura do segundo slide, o que prejudicou a administração do tempo. Sobrou pouco tempo para falar da metodologia. E acho que você notou também falhas na sequência das ideias. Por exemplo, você começa com explicações sobre a ausência do vice, passa para a questão das vendas, depois fala do churrasco, do caso do parque mal-assombrado...

Tácito – Está certo, está certo. Você tem toda razão. Eu percebi que estava misturando os assuntos. Acho que isso aconteceu porque confiei no improviso e preparei mal o *script*: anotei nas mãos, no verso do texto e ia encaixando os lembretes, sem ter muita percepção da falta de sequência. Uma bagunça! Mas daí tiro uma grande lição: preparar, planejar e ensaiar sempre! E você, Cléver, está calado aí por quê?

Cléver – Concordo com tudo o que vocês disseram. Mas a culpa é minha: eu é que o enfiei nessa enrascada, achando que boas ideias são suficientes para uma apresentação competente. Engano! É preciso algo mais, isto é, um bom planejamento. Eu também cometeria esses erros todos. Agora, já que é para criticar, vamos lá. Eu não sou a Ly, especialista no assunto. Mas senti que você nem sempre foi convincente, Tácito. Às vezes faltava convicção, entusiasmo. Por exemplo, quando disse que ia "pular uns slides", você me passou uma impressão de descaso. Além disso, mostrou pouca empatia nos dois momentos em que foi abordado por aquele jornalista. Você foi bem agressivo. Aqueles erros no slide "arranharam" a credibilidade da apresentação.

Tácito – Certo, de acordo, Cléver. Bem que eu poderia ter sido mais simpático; mas eu já não tinha mais paciência, nem calma, nem serenidade. Agora, tem um porém: aquele slide do INOVAR não era meu. Será que você, Ly, não devia ter feito a revisão ortográfica?

Ly – Gente, cuidado! Estamos entrando num terreno perigoso. Aquele slide, cheio de erros, é do vice... e ele não permitiu que se fizesse a revisão! Ele me avisou: "Minha secretária produziu os slides, já dei uma olhada neles, estão ótimos! Não quero que mexam no material! Já está tudo pronto". Faço o *mea culpa*: eu não devia ter obedecido ao vice, mas sabem como são as coisas... O resultado foi desastroso, um vexame: erros crassos de redação. Por isso, gente, uma qualidade fundamental é a humildade, ser capaz de aceitar críticas. Vejam a complexidade da comunicação! Quantos ingredientes: planejamento, persuasão, empatia, convicção, serenidade, humildade, autocrítica... E, por falar em serenidade,

Tácito, você deve estar lembrado de que cometeu dois erros graves, antes de começar a apresentação...

Tácito – Já sei, já sei. Nem precisa falar. O primeiro erro foi a briga com o técnico de audiovisual e, depois, no celular, a discussão com minha esposa, aqueles palavrões todos. Vi que o presidente, você e outras pessoas estavam de cabelos em pé! Só posso explicar – não justificar, é claro – como fruto da tensão e do nervosismo.

Cléver – E o pior é que, na briga com o técnico, você disse "baianada". Isso foi terrível, porque o preconceito afeta a imagem e a credibilidade do comunicador. Cuidado!

Ly – Bom, estamos aqui para aprender. Então vamos aproveitar e "passar um pente fino" em todas as falhas. Concorda, Tácito? Gostaria de lhe perguntar: como se chama o técnico de audiovisual?

Tácito – Não sei, mas deveria saber. Ele me ajudou muito...

Ly – Pois é. Nós o chamamos por "Beto". Você nunca o tratou pelo nome. Sempre ordenava agressivamente a mudança de slides. Se você o tratasse pelo nome, num tom amigável, seria simpático para o Beto e para a plateia. E com o jornalista você também falhou: poderia tratá-lo pelo nome e fazer alguma referência ao jornal que ele representava. Seria bem simpático.

Tácito – Bom, mas então eu preciso saber tudo: planejar, persuadir, nome das pessoas...

Ly – Exatamente! Quanto mais conhecermos o público, tanto melhor para a comunicação. Continuando: quais outros erros você percebeu?

Tácito – Ah, sim, me lembrei! Vendo o vídeo, quero dizer que não gostei nem da minha fala nem das minhas posições e gestos. Expressões importantes como "biomapa comunitário" foram pronunciadas com voz baixa e dicção ruim. E foi horrível a minha posição: de costas para a plateia, na frente da luz do projetor, sombras na tela... horrível! Pior ainda o zíper aberto, o gesto obsceno... Percebo que tenho de praticar muito a fala e a expressão corporal.

Ly – Ótimo, Tácito, é assim mesmo que a gente cresce! É com o desenvolvimento de uma autopercepção crítica. Percebendo os erros, você procurará evitá-los. As críticas valem, é claro, para os recursos audiovisuais: os slides estavam poluídos, antiestéticos e ilegíveis. Também aí entram o planejamento e a preparação: slides bem produzidos, distribuídos numa sequência lógica, num cronograma adequado... para não ter de "pular slides"!

Cléver – Bem, quem está na chuva é para se molhar, não é? Então, não vá levar a mal, Tácito, mas quero apontar mais algumas falhas. Você começa a sua fala com a "gerundite": "... é uma grande emoção *poder estar falando...*". Esse maldito gerúndio deve ser evitado. No início, quando você se dirige aos presentes, há mistura de tratamento: "ilustres", "companheiros". Deveria haver uma coerência de tratamento. Além disso, os cacoetes, a repetição da história da pescaria... Aquilo cansou: dar um peixe, ensinar a pescar... E mais cansativa ainda foi a sua prolixidade.

Ly – É evidente que todos esses problemas o levaram, Tácito, à má administração do tempo e a uma falta de domínio da plateia: você notou que alguns conversavam, liam jornal ou "cabeceavam" de sono? Mas nem tudo foi erro! O verso de Fernando Pessoa foi um bom gancho para despertar a atenção e a emoção do público. É pena que depois você tenha terminado com um antigancho que enfraqueceu o impacto. Lembra-se? Você disse: "Bom, é isso aí. É basicamente isso que eu tinha para falar". Esse é um final sem graça.

Tácito – Gente, estou percebendo que o melhor de tudo foi esta reunião. Para mim, foi uma aula de comunicação. Vejo que, para fazer uma boa apresentação, devo evitar todos os erros que vocês apontaram.

Ly – Não só os erros que apontamos, mas os que você, corajosamente, com autocrítica, percebeu também. É essa a condição básica para crescer: o autoconhecimento, a autocrítica. Uma recomendação: como nosso presidente acha que você pode melhorar e, portanto, fazer novas apresentações do INOVAR, valeria a pena que você se aprofundasse na prática desses pontos de honra da comunicação: planejamento, persuasão, empatia, fala, expressão corporal, recursos audiovisuais, gramática, fluência, concisão e domínio do ouvinte e do cenário. Conte comigo, pois posso ajudá-lo. Vamos fazer um curso de técnicas de comunicação para apresentações?

Alguns poderão questionar a história de Tácito, observando que o drama não corresponde à realidade. Ninguém cometeria tantos erros assim. É verdade. O que apresentamos foi uma ficção. Mas essa ficção se baseia na realidade: todos os erros cometidos por Tácito acontecem na vida real. No drama, essas falhas são caricaturas da realidade. O objetivo é chamar a atenção dos leitores pelo exagero. Mas, se vocês observarem bem as apresentações reais, perceberão erros – ou ruídos – semelhantes aos cometidos por Tácito: desorganização, agressividade, problemas de expressão verbal e corporal, slides poluídos, erros gramaticais, redundância, prolixidade, falta de percepção e de domínio do cenário.

Como evitar todas essas falhas? Basta seguir o conselho de Ly: conhecer com mais profundidade os pontos de honra da comunicação, a fim de aprimorar técnicas e habilidades para apresentações. Esse é o assunto dos próximos capítulos.

NOTA

[1] ARANTES, Silvana. "Meirelles diz que perder foi 'alívio' e dispensa Gisele". *Folha de S.Paulo*. Ilustrada, 18 jan. 2006.

Primeiro ponto de honra da comunicação: planejamento, ficha mental e ensaio

PLANEJAMENTO

A primeira grande lição que podemos extrair da experiência de Tácito é que, para produzir uma comunicação eficaz, é preciso, antes de tudo, planejar a organização e a articulação da mensagem. E os problemas de Tácito já começam pela falta de planejamento: com efeito, pressionado, "em cima da hora", a fazer a apresentação do projeto, ele se sente tentado a improvisar, estimulado pelos conselhos de Cléver:

> É só um ensaiozinho. Nós temos mais de uma hora ainda! E, se der um branco, você sabe se virar, é inteligente! Invente qualquer coisa, uma daquelas frases poéticas que você está acostumado a citar.

Vimos, então, como Tácito, cheio de ânimo e confiança, resolve dar um "jeito" na apresentação:

> E, já que eles dizem que eu falo bonito, se esquecer alguma ideia, invento uma frase bonita... enfim, vou dar um jeito. Tenho tudo para acertar: o texto está aqui na minha frente, os slides prontos... Vinte minutos passam rápido. Aliás, pensando bem, talvez nem dê tempo de ler o texto inteiro. Já sei o que vou fazer. Vou pinçar as ideias principais, projetar uns slides e, quem sabe, fazer umas citações poéticas, filosóficas... Porque, como bem lembrou o Cléver, ao menos nisso eu sempre me saio bem. Aliás, bem que poderia começar falando do programa de qualidade que criei aqui na Pakot. Vou até incluir meu CD com os slides sobre qualidade e aumento de vendas...

Acontece, porém, que, se as ideias, por melhores que sejam, não estiverem articuladas com os objetivos e a lógica da apresentação, de nada adianta jogá-las no fluxo do discurso, sob pena de o orador criar uma imagem de desorganização, gerando ruídos ou efeitos negativos junto à plateia. Dentre os vários ruídos decorrentes dessa falta de planejamento – tais como a atitude agressiva para com a própria esposa e o técnico de audiovisual, a linguagem chula, a bisonha movimentação pelo palco, o mau uso de recursos visuais –, vale destacar aqueles que prejudicaram fatalmente a recepção e a compreensão integral da mensagem, a saber:

- irrelevância de comentários e observações;
- falta de sequência lógica ou "costura" entre as ideias;
- investimento inadequado nas informações.

Essas três graves falhas podem ser evitadas por meio de um planejamento que leve em conta três operações básicas. Vamos a elas.

Operação 1:
Seleção de informações relevantes
para os clientes

Para um planejamento eficaz, o comunicador deve começar por selecionar as informações que sejam relevantes para o público-alvo, isto é, os *clientes*.

É oportuno lembrar ao caro leitor que, como já tínhamos destacado no primeiro capítulo, utilizaremos sempre o termo *cliente* (e não *receptor*) para designar o ouvinte ou público-alvo a ser persuadido pelo apresentador.

Pois bem, na avaliação do desempenho de Tácito, Ly observou com justeza a pouca pertinência de algumas informações:

Você deve ter percebido que a história do churrasco e o caso da sua cidade natal não tinham relevância alguma para os ouvintes. Até mesmo o primeiro slide, aquele sobre vendas em 2015, logo no início da apresentação, ficou um pouco fora de foco.

O exemplo mais evidente de irrelevância foi a história do parque mal-assombrado em Ravínia, cidade natal de Tácito. O caso, muito distante do repertório da plateia, pouco sensibilizou os ouvintes, certamente mais interessados em conhecer o projeto INOVAR.

Para a relevância da mensagem, é preciso, portanto, ajustar o conteúdo não só aos objetivos da apresentação, mas também ao nível de conhecimentos, de interesses e de expectativas dos ouvintes. Para esse ajuste, uma condição fundamental é que o apresentador conheça o *repertório* da plateia ou *público-alvo*. Por outro lado, é óbvio que, se essa condição não for preenchida, o comunicador não conseguirá envolver a audiência. Assim, embora fosse uma importante referência no repertório de Tácito, o caso de sua cidade natal não constituía uma referência relevante no repertório do público-alvo. Podemos concluir, então, que a noção de relevância depende, em primeira instância, do conhecimento que o orador possa alcançar acerca do repertório do cliente.

O conhecimento do repertório é uma ferramenta essencial para o êxito da comunicação em público. Parece-nos oportuno, pois, definir aqui o conceito de repertório.

Repertório

Todos nós temos uma história de vida, uma educação, uma família: frequentamos escola, clube ou igreja, viajamos, conhecemos outros indivíduos, regiões ou países, trabalhamos em diferentes lugares, vemos filmes, teatro ou TV, ouvimos rádio, músicas, gostamos de certos alimentos e detestamos outros etc. A partir dessas múltiplas e variadas experiências, cada um de nós vai criando uma porção de conhecimentos e referências históricas, geográficas, afetivas, profissionais, artísticas, científicas e religiosas. Forma-se, dentro de nós, uma vasta e complexa rede de referências, valores e conhecimentos, que pode ser assim visualizada:

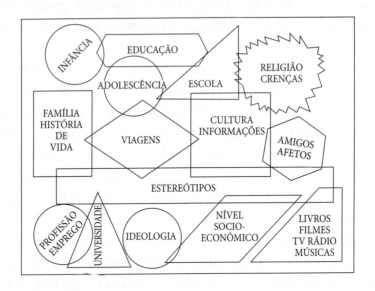

Essa rede constitui nossa bagagem cultural ou *repertório*. O repertório vem a ser, portanto, toda uma rede de referências, valores e conhecimentos históricos, afetivos, culturais, religiosos, profissionais, científicos etc. Tais referências, valores e conhecimentos podem mudar de indivíduo para indivíduo e de comunidade para comunidade. Assim, para um paulistano, que vive boa parte de sua vida sob um céu poluído, a referência a *céu azul* pode despertar sensações bem agradáveis; para um habitante da caatinga nordestina, assolada pela seca, a expressão *céu azul* pode representar uma trágica referência, pois estará indicando ausência de chuva.

Exemplo eloquente de diferença de repertórios é o caso dos esquimós, cuja língua possui mais de uma dezena de nomes para as diferentes espécies de neve que eles "veem", ao passo que nós só vemos uma única e mesma neve; é que para o repertório dos esquimós a distinção de espécies e modalidades de neve é questão de vida ou morte.

Verificamos, então, que repertórios diferentes podem conduzir a diferentes percepções da mesma realidade. Essas percepções distintas são condicionadas por um poderoso componente de nosso repertório: o estereótipo. É importante assinalar a função dos estereótipos em nosso processo de aquisição de conhecimentos. Na formação do repertório, ao longo de nosso processo de aprendizagem e de socialização, há uma tendência constante para acumular ideias e conhecimentos que, com o tempo, vão se cristalizando, se "endurecendo" e viram uma espécie de "carimbo"; usamos esse "carimbo" para perceber ou reconhecer pessoas, objetos ou fatos à nossa volta. Se ouvimos, por exemplo, um clamor de multidão em local próximo a um estádio de futebol, diremos que, certamente, um jogador acabou de marcar um gol, embora não estejamos obrigatoriamente presentes ao acontecimento. Isso porque já temos uma ideia prévia, e mais ou menos padronizada, do que seja o espetáculo de um gol num jogo de futebol. Pois bem, essa ideia padronizada é o chamado *estereótipo*, palavra que veio do grego: *stereos*, "sólido".

O estereótipo é, de fato, um "tipo sólido", uma espécie de carimbo ou clichê, utilizado antigamente na composição tipográfica; mas pode designar também um "carimbo mental", ou melhor, uma ideia padronizada que se solidificou em nossa mente e que usamos em nossa percepção para reconhecer ou identificar os indivíduos, os acontecimentos e os objetos. Evidentemente, o estereótipo é indispensável ao nosso processo de conhecimento: sem ele, seria praticamente impossível reconhecer e identificar a realidade humana e profissional em que vivemos e atuamos. O estereótipo, porém, pode causar sérios danos à comunicação: se for aplicado rigidamente à nossa percepção, vai levar-nos a um conhecimento deformado da realidade. O caro leitor encontrará uma demonstração memorável dos enganos de nossa percepção estereotipada no célebre desenho feito pelo Pequeno Príncipe, de Saint-Exupéry:[1]

Meu desenho número 1 era assim:

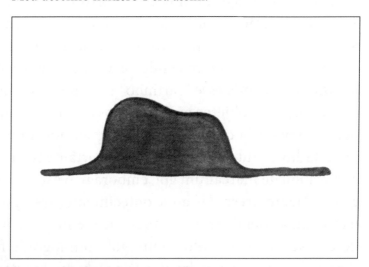

Mostrei minha obra-prima às pessoas grandes e perguntei se o meu desenho lhes fazia medo.
Responderam-me: "Por que é que um chapéu faria medo?".

Meu desenho não representava um chapéu. Representava uma jiboia digerindo um elefante. Desenhei então o interior da jiboia, a fim de que as pessoas grandes pudessem compreender. Elas têm sempre necessidade de explicações. Meu desenho número 2 era assim:

O "desenho número 1" era percebido pelos adultos a partir do estereótipo visual do que seria um chapéu, embora não fosse um chapéu. Explica-se a ironia de René Magritte, o grande pintor surrealista, que nos mostra um cachimbo, embora a legenda do quadro nos diga "Isto continua a não ser um cachimbo" *(Ceci continue de ne pas être une pipe)*.

É preciso um cuidado muito especial: não devemos deixar que os estereótipos dominem o repertório, a ponto de surgirem manchas na percepção sempre *limpa* que devemos ter de nossos clientes. Justifica-se assim a crítica de Cléver a Tácito, que, na discussão com o técnico de audiovisual, deixa escapar um estereótipo preconceituoso:

Cléver – E o pior é que, na briga com o técnico, você disse "baianada". Isso foi terrível, porque o preconceito afeta a imagem e a credibilidade do comunicador.

Concluindo, podemos dizer que o conhecimento do repertório do cliente é indispensável para o planejamento do apresentador, a fim de que este produza mensagens relevantes e que não agridam os ouvintes.

Antes de elaborar as mensagens, o orador deve formular, em sua mente, a seguinte pergunta: qual é o repertório do cliente ou público-alvo?

Operação 2: "Costura" ou coesão das ideias

Um claro indício de um mau planejamento é a desconexão ou a falta de sequência lógica entre as partes do discurso. Mais uma vez, vale a advertência: para falar bem em público, não bastam ideias brilhantes; além de relevantes, os pensamentos e comentários devem ser bem "costurados" pelo orador, a fim de que o cliente entenda o conteúdo lógico da mensagem e não faça a triste pergunta no final: "E daí?".

A falta de coesão não escapou à crítica de Ly:

> [...] E acho que você notou também falhas na sequência das ideias. Por exemplo, você começa com explicações sobre a ausência do vice, passa para a questão das vendas, depois fala do churrasco, do caso do parque mal-assombrado...

Quando o apresentador, empolgado com seus "achados" e lembranças, se deixa levar pelo improviso, acaba por misturar os assuntos, dificultando a compreensão da mensagem por parte do público. A desconexão manifesta-se pela incômoda repetição de cacoetes no desenvolvimento do discurso, como bem observou Ly:

> [...] O cacoete é um recurso que usamos quando as ideias não estão muito bem conectadas. Por falta de um bom planejamento e de uma boa preparação, um bom ensaio, o apresentador pode ficar confuso, não encontrar as palavras exatas ou a sequência das ideias, e aí ele recorre ao cacoete "salvador". Mas essa repetição, é claro, transforma-se num ruído de comunicação.

As consequências mais perigosas da falta de "costura" são a fragmentação, a diluição e até a perda do objetivo. No caso de Tácito, a mistura de assuntos foi tal que o cliente teria sérias dúvidas em atinar com a ideia central ou o objetivo da apresentação. Qual seria? As causas da ausência do vice, o vazamento na fábrica, a missão da Pakot, o salto qualitativo e quantitativo das vendas, o churrasco, o parque mal-assombrado ou a "pescaria"? De fato, o ouvinte poderia perguntar: "E daí?", pois o objetivo central, o projeto INOVAR, diluiu-se e quase sumiu no meio de tantos comentários sem coesão entre si.

O apresentador deve construir o discurso a partir de uma "costura" coerente entre as partes do texto, para garantir a coesão das ideias e a preservação do objetivo central da apresentação.

Operação 3: Investimento adequado ao conteúdo e ao objetivo

O investimento consiste na distribuição proporcional do tempo, dos argumentos, das informações e dos comentários que serão dedicados a cada ideia ou parte do discurso, em função do *objetivo* a ser "vendido" ao cliente. Por falta de um plano ou roteiro bem "costurado", Tácito investiu muito tempo em informações secundárias e quase irrelevantes (slide das vendas, "pescaria" etc.), sobrando pouco tempo para comentar sobre o objetivo principal: o método de inclusão social, as vantagens e os benefícios do projeto INOVAR.

No planejamento de uma apresentação, o comunicador deve investir estrategicamente nos objetivos ou ideias que pretende "vender" ao cliente, cuidando justamente da distribuição proporcional do tempo e dos argumentos. Em outras palavras, o apresentador tem de ter a preocupação de realçar o essencial, e não o que é secundário e pouco relevante, sob pena de o público "comprar" a ideia errada.

FICHA MENTAL E ENSAIO

As três operações de planejamento são condições necessárias, porém não suficientes para garantir o sucesso da apresentação. É imprescindível que o comunicador faça um ou vários ensaios até memorizar a sequência da apresentação, a fim de elaborar um roteiro ou ficha mental que sirva de guia para manter a coesão do discurso e preservar o objetivo central. Como o cineasta que, antes de realizar seu filme, tem de elaborar um *script* ou roteiro, assim também o orador tem de montar uma ficha mental antes de entrar no palco.

A montagem da ficha mental deve constituir uma operação a ser incorporada permanentemente ao planejamento de todos aqueles que têm de falar em público, pois ela oferece três grandes vantagens:

1. confere ao comunicador segurança, clareza e objetividade, na medida em que pode organizar a sequência lógica das ideias e programar o investimento;
2. faz com que o comunicador mantenha a direção e "venda" a ideia ou objetivo básico ao público-alvo num tempo adequado e bem administrado;
3. possibilita ao comunicador enfrentar com tranquilidade questões difíceis ou comprometedoras.

O leitor certamente deve ter notado que faltou a Tácito, antes de tudo, um bom ensaio e a montagem de uma ficha mental que o ajudaria a manter o rumo e não perder o objetivo. Eis um exemplo de ficha mental que Tácito poderia ter elaborado para sua apresentação de 30 minutos:

I - Introdução (7 min)	
1'30"	Tema
1'30"	Plano de apresentação
4'	Importância do projeto
II - Desenvolvimento (8 min)	
2'	Histórico
2'	Problemas
4'	Alternativas
III - Conclusão (15 min)	
5'	Vantagens
5'	Resultados
5'	Objetivo final

Com essa ficha mental, Tácito teria contemplado as três operações de um bom planejamento: relevância, coesão e investimento adequado. De fato, na ficha acima, podemos perceber que Tácito teria feito um investimento coerente com os objetivos da apresentação, pois teria dedicado um tempo proporcional à importância do conteúdo de cada assunto:

- 4 minutos para a importância do projeto;
- 4 minutos para alternativas;
- 15 minutos finais (50% do tempo total) para vantagens e resultados do projeto, justamente o objetivo a ser "vendido" ao cliente.

Para concluir este primeiro ponto de honra, recomendamos ao leitor que queira falar em público:

- planejar relevância, "costura" e investimento;
- montar uma ficha mental;
- ensaiar, ensaiar, ensaiar...

Mas planejamento, ficha mental e ensaio não bastam, pois já sabemos que comunicar não é "passar" as informações a um ouvinte passivo. Falar em público é persuadir e "vender" ideias a um cliente. Vamos tratar então, no próximo capítulo, do segundo ponto de honra da comunicação: a persuasão.

NOTA

[1] A. de Saint-Exupéry, *O pequeno príncipe*, 48. ed. rev., São Paulo, Agir, 2006, pp. 9-10.

4.
Segundo ponto de honra da comunicação: persuasão

Todo ato comunicativo implica a necessidade de persuadir. Quando nos comunicamos, esperamos que os destinatários aceitem bem nossas ideias e estejam, portanto, persuadidos a oferecer a resposta ou a colaboração que lhes solicitamos. É sempre útil lembrar que termos como "persuadir", "persuasão" e "persuasivo" provêm da raiz latina *svad* ("suave", "doce"), da qual se originou também a palavra *suave*.

Essa relação com o significado de doce, suave ou agradável permite compreender em que consiste, de fato, a *persuasão*: trata-se de uma operação estratégica que confere à comunicação suavidade, prazer, envolvimento e entusiasmo, a fim de que os ouvintes/clientes, a quem solicitamos a colaboração, sejam estimulados a produzir a resposta de que necessitamos. A persuasão é, pois, uma ferramenta necessária para o bom êxito de qualquer tipo de comunicação.

Na situação específica da comunicação em público, porém, a persuasão, mais do que necessária, é indispensável, uma vez que a principal meta de um orador competente é persuadir seus ouvintes/clientes a aderirem às ideias da mensagem e, consequentemente, a "comprar" o produto apresentado.

Não foi bem esse o caso de Tácito, nosso sofrido comunicador. Sua apresentação foi marcada, do princípio ao fim, por atitudes e expressões que não contribuíram para envolver, entusiasmar e persuadir os ouvintes. Basta que o caro leitor verifique, por exemplo, como Tácito, depois de citar um belo verso de Fernando Pessoa, conclui a apresentação:

> [...] como dizia o grande Fernando Pessoa, "tudo vale a pena, se a alma não é pequena"! Bom, é isso aí! É basicamente isso que eu tinha para falar!

O impacto causado pelo verso de Pessoa foi desfeito pelas frases ocas e sem graça com que Tácito fecha a exposição. Expressões como "é isso aí" constituem lugares-comuns, vazios de significado, que empobrecem o momento decisivo de uma apresentação: o final. Nunca é demais observar que a conclusão de um discurso tem de ser especialmente persuasiva, isto é, marcante, envolvente, impregnada de entusiasmo, a fim de que os ouvintes captem e retenham a mensagem. Cabe, então, a pergunta: o que ficou na mente da plateia, depois de ouvir Tácito? Onde está a mensagem final capaz de arrebatar os ouvintes? A verdade é que todo o projeto INOVAR resumiu-se a uma triste conclusão: "É isso aí...".

Essa falta de persuasão foi bem apontada por Cléver:

> [...] Mas senti que você nem sempre foi convincente, Tácito. Às vezes faltava convicção, entusiasmo. Por exemplo, quando disse que ia "pular uns slides", você me passou uma impressão de descaso. Além disso, mostrou pouca empatia nos dois momentos em que foi abordado por aquele jornalista. Você foi bem agressivo. Aqueles erros no slide "arranharam" a credibilidade da apresentação.

Nessa crítica, podemos detectar as três condições fundamentais para o desenvolvimento e a prática das estratégias de persuasão: *convicção*, *empatia* e *credibilidade*. Vejamos em que consistem essas condições.

CONDIÇÃO 1: CONVICÇÃO E SEGURANÇA

Parece indiscutível o princípio de que, para ser persuasivo, o comunicador tem de mostrar-se, antes de tudo, convicto das ideias que pretende transmitir ao público-alvo. Se não revelar convicção, jamais conseguirá levar os ouvintes/clientes a acreditarem em sua mensagem. Mas essa condição, tão importante para a comunicação, não surge por um passe de mágica. A convicção é uma qualidade que adquirimos por meio das seguintes ações:

- estudo e conhecimento profundos e completos do assunto a ser comunicado;
- planejamento e memorização de uma ficha mental que contenha as partes da apresentação, estruturadas e "costuradas" numa sequência lógica e coerente;
- ensaio da apresentação, com uma simulação de perguntas "difíceis" para testar o conhecimento e a competência do expositor.

Infelizmente, Tácito não teve tempo para essas ações: não fez um planejamento bem "costurado", não memorizou uma ficha mental nem ensaiou a apresentação. Como bem observou Cléver e o caro leitor deve ter percebido, tal despreparo acabou por produzir indícios evidentes de insegurança e falta de convicção. Vejamos alguns deles.

Desorganização do material de apoio e entrada trôpega no salão

Entre tenso e atordoado, mãos crispadas segurando o texto, Tácito percebe, de repente, que se enganara, ao notar os gestos do aflito técnico de som, apontando-lhe com o dedo o microfone de pedestal. Bem próximo do púlpito, muda rapidamente o trajeto e dirige-se para o outro lado do palco, mas acaba tropeçando nos fios espalhados pelo chão e quase leva um tombo. Murmúrios e risos abafados da plateia. Tácito se coloca, finalmente, diante do microfone de pedestal, retém algumas páginas na mão, deposita o restante do texto sobre a mesinha, olha para a plateia, consulta com esforço anotações escritas nas mãos, respira fundo e começa.

Falta de "costura" e mistura de assuntos

- Explicações prolixas sobre a ausência do vice-presidente
- Acidente do vazamento na fábrica
- Comentários sobre as vendas da Pakot
- A história do churrasco e da cidade natal
- A lição da "pescaria" ("não dê um peixe...")

Redundância e excesso de cacoetes

ok
não é
certo
eeeh...

Expressões depreciativas

Elas mostram falta de planejamento e desvalorização do material de apoio (antiganchos):

> **Tácito** – Bem, parece que o meu tempo está terminando, eeeeh, então vou pular esses slides... não é?

Má utilização de recursos audiovisuais

- Postura incorreta diante da tela de projeção
- Falta de contato visual com a plateia
- Uso de slides ilegíveis, com péssima disposição gráfica e erros gramaticais

Falhas de expressão verbal e de expressão corporal

- Voz inaudível ao pronunciar "biomapa comunitário" (conceito fundamental, segundo o próprio apresentador)
- Gagueira e vacilação ao responder às perguntas
- Vestuário descuidado (zíper aberto)
- Gestos inconvenientes

Com todos esses erros e ruídos, Tácito cria uma imagem negativa de desorganização, despreparo, descaso, insegurança e falta de convicção. O cliente pode ficar com a impressão de alguém sem rumo e sem objetivo, que parece não crer nas próprias ideias. É a antipersuasão.

Por outro lado, o comunicador bem preparado – que conhece o assunto, que planejou e memorizou uma ficha mental bem costurada e ensaiou a apresentação – pode criar uma imagem positiva de convicção, autoconfiança e segurança, primeira condição para persuadir os clientes a acreditar no conteúdo da mensagem.

Porém (e sempre há um "porém" na vida, segundo o inesquecível dramaturgo Plínio Marcos [1935-1999]), a convicção é necessária, mas não suficiente. É preciso adicionar a ela outro importante ingrediente: a empatia.

CONDIÇÃO 2: EMPATIA

Segundo Cléver, houve momentos em que Tácito poderia ter envolvido a plateia, estabelecendo, por exemplo, um bom relacionamento com o jornalista Péricles, que o interpelou por duas vezes. O que aconteceu, entretanto, foi bem diferente. Em vez de aproximar-se amigavelmente de Péricles, esclarecendo-lhe as dúvidas, Tácito reagiu de maneira agressiva.

Primeiro momento

> **Péricles** – Com licença, meu nome é Péricles. Sou do *Jornal do Bairro*, do caderno Educação. Sr. Tácito, por favor, tenho algumas dúvidas e queria que o senhor me esclarecesse umas coisas sobre o slide. [...] Desculpe-me, não quero ser desagradável, mas estamos fazendo um curso de redação no jornal e eu gostaria de tirar essas dúvidas.

Como um boxeador que tivesse sofrido um golpe, Tácito recebe as perguntas do jornalista como uma bofetada no rosto. Perplexo, começa a gaguejar, procurando, vacilante, uma explicação pouco convincente.

> **Tácito** – Veja bem, eeeeh, bom, acontece que o que ele está perguntando não tem muito a ver... sabe, as regras de português mudam sempre... não é o nosso foco agora... deve ter sido erro de digitação da secretária...

Segundo momento

Tácito reage com irritação, repetindo, sílaba por sílaba, pausadamente, com voz agressiva, a expressão "biomapa comunitário":

> **Tácito** – Vamos lá! De novo: bi-o-ma-pa co-mu-ni-tá-rio! Entendeu? Esse é um conceito fundamental para compreender nosso método de trabalho!
> **Péricles** – Tá bom, tá bom, calma, já entendi, já entendi...

Faltou a Tácito, não só nesses momentos, mas em vários outros, buscar uma aproximação e, melhor ainda, uma identificação com as expectativas e os problemas dos clientes. Faltou a Tácito colocar-se no lugar do cliente. Faltou *empatia*, palavra de origem grega, que significa "identificação com o sentimento do outro". É oportuno lembrar que essa palavra originou-se da raiz grega *path* ("sentimento", "sofrimento"), da qual provieram outros termos, como *simpatia, antipatia, apatia, patético, patologia* e *paciente*. Como o caro leitor poderá perceber, o significado de todas essas palavras implica sempre a ideia de "sentimento". Parece-nos uma informação pertinente para o entendimento do conceito de "empatia", como a grande virtude do orador que é capaz de:

- perceber e compreender os sentimentos, as expectativas, as necessidades e os problemas dos ouvintes;
- atrair e envolver a audiência.

A Tácito faltaram justamente esses ingredientes da empatia, na medida em que ele não mostrou ter percebido e compreendido os sentimentos dos outros, nem conseguiu envolver e atrair os ouvintes.

Assim, no primeiro momento, ao dizer "[...] o que ele está perguntando não tem muito a ver...", Tácito desqualifica o jornalista. E acentua a falta de envolvimento, ao referir-se ao profissional da imprensa por meio do pronome "ele", quando seria bem empático tratá-lo pelo nome.

Por outro lado, Tácito comete uma grave falta ao atribuir a uma "misteriosa" e ausente secretária os erros do slide. É frequente essa atitude antiética que consiste em não assumir os próprios erros, responsabilizando e difamando os outros pelas falhas que nós mesmos cometemos. Tal atitude certamente depõe contra a empatia e a credibilidade do orador.

Já no segundo momento, Tácito parece ter perdido a calma e o autocontrole, ao repetir enfaticamente, sílaba por sílaba, o termo "biomapa", como se o ouvinte fosse surdo ou analfabeto. O apresentador perdeu uma ótima oportunidade para transformar a resposta num gancho atrativo: ele poderia ter agradecido a Péricles pela pergunta e aproveitado a situação para falar da importância do conceito de biomapa. Teria sido um grande gancho e uma atitude empática para com o cliente.

Nos diálogos que manteve com a esposa e com o técnico de audiovisual, Tácito extravasou sua irritação, que se traduziu pela linguagem desrespeitosa e chula. No caso de Beto, o técnico, o relacionamento é antipático, pois Tácito nunca o trata pelo nome e, ao pedir-lhe para passar os slides, usa um tom autoritário e impessoal:

> **Tácito** – Ô, amigo, está me ouvindo? O primeiro slide, rápido!

Esse relacionamento pouco amigável é reforçado por um poderoso e lamentável antigancho, o estereótipo "baianada".

Todos esses erros e falhas de Tácito permitem detectar os ingredientes básicos para a construção da empatia:

- identificação com expectativas e necessidades do cliente;
- disponibilidade, serenidade e calma;
- ganchos ou estratégias para atrair o cliente.

Vejamos quais são as funções desses ingredientes.

Identificação com expectativas e necessidades do cliente

Para manter uma relação empática com a plateia, o comunicador tem de identificar quais são os interesses, expectativas, necessidades e problemas dos clientes. É fundamental que ele saiba o que a audiência gostaria de ouvir. Para tanto, é necessário conhecer o repertório do público-alvo. Um orador insensível, apático e indiferente a esse repertório produzirá um discurso irrelevante e jamais alcançará a empatia, tão necessária à persuasão.

Um exemplo que pode ilustrar essa falta de identificação com a audiência foi a declaração do diretor executivo de uma empresa petrolífera, ao prestar esclarecimentos a um jornalista sobre um grave acidente que provocou enorme desastre ambiental, por causa do vazamento de toneladas de óleo nos rios da região atingida:

> **Jornalista** – A impressão é que a empresa demorou para se dar conta da extensão do desastre. Em que momento o senhor teve ideia de que era grave?
> Diretor – Acho que foi num crescendo. Eu não tinha experiência. Estou há nove meses na companhia e não tinha experiência de um acidente desse tipo. A ficha foi caindo, sabe?[1]

A explicação do diretor revela absoluta falta de identificação com os clientes, que, de fato, não queriam ouvir uma resposta tão pouco empática, irrelevante e nada persuasiva.

Por falta de identificação com o público, Tácito também fez muitos comentários que não tinham relevância alguma para o projeto INOVAR, o que prejudicou a persuasão.

Como o caro leitor pode notar, a identificação com o repertório do cliente e a consequente persuasão são fundamentais para preservar a imagem do comunicador e da organização por ele representada.

Disponibilidade, serenidade e calma

Tácito não se mostrou um apresentador disponível para esclarecer dúvidas e responder às perguntas da plateia. Vimos que, nas situações mais tensas, ele denunciava descontrole e irritação. São ruídos que indispõem o orador com a plateia, criando um ambiente de antipatia, pouco amigável. Nesse cenário, o apresentador se desmoraliza e não consegue persuadir ninguém.

Quando falamos em público, nunca podemos perder a calma e a serenidade. Se perdermos a calma e a serenidade... perdemos tudo! Perdemos a empatia e destruímos nossa imagem. Daí a importância de um bom planejamento da ficha mental, devidamente acompanhado de um bom ensaio.

Por falta de um bom planejamento e de um ensaio, muita gente se descontrola, perde a serenidade e prejudica irremediavelmente sua imagem.

Um exemplo que ilustra bem as consequências geradas pela falta de serenidade foi o estridente caso que circulou nas redes sociais envolvendo o político Raul de Arimateia. Ambicionando candidatar-se ao Senado, Raul deu uma entrevista para a mídia, a fim de anunciar o site na internet que divulgaria sua pré-candidatura. O evento ocorreu em um famoso hotel, frequentado assiduamente por políticos de prestígio. Após responder a perguntas dos jornalistas e reafirmar que não desistiria de sua candidatura para apoiar colegas de um partido aliado, o pré-candidato passou a apresentar o site.

Um telão refletia as imagens saídas do computador. Quando Raul deu a ordem, um funcionário digitou www.raul2002.com.br. Ao ver o endereço, o pré-candidato protestou:

– Pô, que história é essa de colocar Raul? Eu queria que o endereço fosse Arimateia. Raul é muito mais feio!

Constrangido, o funcionário desculpou-se e continuou seu trabalho de projeção.

Percebe-se como esse político arranhou sua imagem: para quem postula o cargo de senador, o candidato não foi nada persuasivo e empático. Ao contrário, por falta de planejamento, irritou-se com o site, perdeu a calma, maltratou o funcionário, usando linguagem agressiva e chula. Além dessas falhas, Raul desqualificou seu próprio nome, ao considerá-lo "muito mais feio" do que o sobrenome. Essa atitude, diante do público e, principalmente, da mídia, foi desastrosa. Pior ainda para quem se pretende estadista.

Portanto, caro leitor, nunca perca a serenidade. Sem ela, não há empatia.

Ganchos ou estratégias para atrair os clientes

Já mostramos a função dos ganchos no processo persuasivo. O leitor sabe que o ato comunicativo não consiste apenas em "passar" informações para ouvintes passivos. Para persuadir uma plateia, o comunicador tem de produzir mensagens atraentes, temperadas com ganchos que produzam efeitos positivos e captem a atenção dos ouvintes. O gancho é recurso estratégico que deve prender a atenção do ouvinte, impedindo que o discurso se torne monótono, cansativo e até "soporífero", como aconteceu na apresentação de Tácito.

Uma dramatização, uma história engraçada, uma experiência marcante, uma frase de efeito ou um recurso audiovisual (slides, filmes) são ganchos que podem despertar o interesse e a atenção dos clientes. Mas o leitor deve saber que, para produzir o efeito desejado, o gancho tem de ser planejado. Assim, funcionará de modo coerente e articulado no conjunto da apresentação.

A história da cidade natal, por exemplo, poderia ter sido um bom gancho, desde que tivesse alguma conexão com o conteúdo do discurso. O verso de Fernando Pessoa também poderia ter sido um gancho, se estivesse bem articulado com a sequência das ideias e se não fosse seguido de um antigancho ("É isso aí..."). Os slides podem constituir excelentes atrativos, mas aqueles utilizados por Tácito – mal produzidos, ilegíveis e cheios de erros gramaticais – tornaram-se antiganchos. Todos esses antiganchos prejudicaram, inevitavelmente, os esforços persuasivos do apresentador.

Nem tudo é erro ou defeito, porém. Apesar de tantos ruídos, vale destacar um momento de entusiasmo – talvez o único –, em que Tácito consegue produzir bons ganchos e revelar-se convicto e arrebatado. Estimulado pelo slide que estampa a miséria num bairro de periferia, ele se emociona e consegue expor, de maneira convincente e empática, os nobres objetivos do INOVAR. Com convicção e entusiasmo, Tácito consegue, até certo ponto, apagar o efeito negativo de ruídos, como falhas de expressão verbal (cacoetes) e de expressão corporal.

> **Tácito** – Pois bem, o INOVAR surgiu para combater essa miséria que vocês veem aqui. E como? O INOVAR é um programa, eeeeh, que se propõe a conscien-

tizar, a educar, a treinar a comunidade excluída a descobrir soluções para resolver seus problemas de sobrevivência, de saúde, de educação, de qualidade de vida, enfim. Em vez de depender, não é?, de ajuda paternalista, as pessoas aprenderão, ok?, a encontrar soluções criativas em seu próprio ambiente, explorando os recursos da natureza, o lixo reciclável e outros materiais, certo?

É pena que esse momento de persuasão, diluído entre tantos antiganchos, tenha ficado pouco visível para os clientes. E seria absolutamente necessário que todos percebessem a necessidade das estratégias de persuasão para o bom êxito do ato comunicativo; no dia a dia das organizações, nem todos são conscientes do papel da persuasão. É comum assistirmos a autoapresentações em que o comunicador cria uma imagem extremamente negativa, ao produzir um discurso anti... tudo: antipersuasão, anticonvicção, antigancho. Como neste exemplo:

Bem, eeenh, meu nome é Izidoro, não tenho a menor ideia da origem do meu nome, eeeh, nasci numa cidadezinha perto de Belo Horizonte, mas logo vim pra São Paulo, né, aí comecei a trabalhar num banco, detestava o trabalho, tá, prestei a Politécnica, aí bombei, tentei direito né, aí bombei, aí caí de paraquedas aqui na empresa, né, estou cursando Economia à noite, não sei o que vai dar, hobbies eu não tenho muitos, não dá tempo de ler nada, gosto de uma cervejinha com os amigos, namorar, né, não sei se vou casar, é isso aí, não tenho grande coisa pra contar, né...

Caro leitor: sem comentários! Queremos apenas observar que, em nossa longa experiência de consultoria e treinamento, esse exemplo de autoapresentação não é ficção. É uma situação real, que já presenciamos tantas vezes que se tornou uma espécie de "modelo" de como não se deve fazer uma autoapresentação: antiganchos, cacoetes, postura e gestos inadequados. Enfim, é a própria negação do indivíduo.

Para evitar esse constrangimento, nada melhor do que preparar uma autoapresentação competente, uma vez que é a nossa imagem que está em jogo. Um bom exemplo de autoapresentação bem planejada e persuasiva foi aquela feita num treinamento por um participante que encerrou seu discurso com um excelente gancho:

> Gostaria de finalizar fazendo um apelo a todos: em nosso trabalho, sejamos democráticos, tolerantes e lutemos contra o preconceito e a discriminação. Como advertia Einstein, "é mais fácil desintegrar um átomo do que um preconceito!".

Nota-se que o apresentador fugiu de lugares-comuns e planejou a conclusão, utilizando uma reflexão pertinente do físico Albert Einstein (1879-1955), bem costurada com o conteúdo da mensagem.

Para finalizar, dois "mandamentos":

- toda apresentação deve conter ganchos;
- devemos fugir dos antiganchos.

No entanto, já sabemos que há sempre um "porém": convicção e empatia são necessários, mas não serão suficientes, se o comunicador não gozar de credibilidade junto aos clientes.

CONDIÇÃO 3: CREDIBILIDADE

Ao observar que "[...] aqueles erros nos slides 'arranharam' a credibilidade da apresentação", Cléver assinalou uma condição imprescindível para persuadir os clientes: a credibilidade do comunicador. É óbvio que, sem credibilidade, o comunicador jamais conseguirá persuadir os outros. Por mais eficientes que sejam os ganchos e as outras técnicas de persuasão, os clientes não acreditarão na mensagem e, portanto, não se deixarão persuadir.

Na apresentação de Tácito, vários ruídos comprometeram a credibilidade. Consideremos alguns deles.

Argumentação inconsistente

Por uma falha de planejamento, Tácito "costura" os ganchos do programa de controle de qualidade de produtos e do salto quantitativo e qualitativo nas vendas da Pakot com o programa de qualidade de vida do INOVAR, como podemos verificar nos seguintes trechos:

> **Tácito** – [...] graças ao nosso programa de controle de qualidade de produtos e serviços, a Pakot deu, de 2014 para 2015, um grande salto quantitativo e qualitativo nas vendas.
>
> [...] a área de produção e vendas registrou um aumento recorde no volume de vendas!
>
> Este excelente resultado é fruto, meus caros, de nosso programa de qualidade. E, por isso mesmo, achamos mais do que justo estender esse conceito de qualidade, e todo o nosso conhecimento sobre qualidade, para o bem-estar da sociedade.

Se analisarmos atentamente, veremos que não há uma relação obrigatória entre qualidade de produto e qualidade de vida. Trata-se de um argumento sem consistência, pois qualidade de vida é um conceito bem abrangente que envolve diferentes fatores de ordem econômica, social, cultural, ética, educacional, psicológica etc.

Incoerência de mensagens e atitudes

Para uma apresentação cujo tema envolve qualidade de vida, as atitudes de Tácito são incoerentes:

- relacionamento agressivo com a esposa;
- relacionamento autoritário e preconceituoso com o técnico de audiovisual;
- erros gramaticais e defeitos de estilo;
- falhas de grafia e de pontuação no slide do plano de apresentação;
- descaso na elaboração do material audiovisual (lembre-se de que o vice-presidente também é responsável pela má qualidade dos slides);
- falta de percepção das falhas de expressão verbal e expressão corporal;
- repetição excessiva de cacoetes e redundância;
- uso inadequado do gerúndio: "... poder estar falando...";
- uso incorreto do pronome de segunda pessoa do plural: "... quem deveria vos falar..." O correto é: "... quem deveria *lhes* falar...";
- incoerência semântica pelo uso incorreto da expressão "ir *ao encontro de*" (concordar, ser a favor de). O correto seria "ir *de encontro a*" (discordar, ser con-

tra). O que Tácito queria dizer é que o risco de um desastre ambiental *ia de encontro à* grande missão da Pakot, portanto contra a missão da Pakot, e não a favor, como foi dito:

> **Tácito** – [...] risco de um desastre ambiental! Isso vai, eeeeh, ao encontro da grande missão da Pakot que, como todos sabemos – não é? –, é "criar produtos de qualidade e preservar o ambiente", certo? Mas, felizmente, o problema do vazamento foi resolvido, certo?

- explicações sem fundamento para justificar os erros no slide.

> **Tácito** – [...] o que ele está perguntando não tem muito a ver... sabe, as regras de português mudam sempre... não é o nosso foco agora... deve ter sido erro de digitação da secretária...

Pelo tema do projeto, a apresentação deveria ser de qualidade impecável, o que justificava a pertinência das perguntas de Péricles: elas tinham "tudo a ver". Incoerência de Tácito, reforçada pela atribuição dos erros à secretária, embora fosse ele o responsável pela correção do texto. Além dessas incoerências, não é verdade que "as regras de português mudam sempre". Trata-se de uma desculpa usada frequentemente para justificar o desconhecimento das regras gramaticais.

Não reconhecer os erros é uma atitude que afeta a credibilidade do comunicador. Se houve erro, nada melhor do que reconhecê-lo de maneira transparente, em vez de apresentar, como fez Tácito, desculpas sem fundamento. É oportuno citar aqui o nobre exemplo do presidente estadunidense Jimmy Carter, conforme o relato do jornalista Carlos Heitor Cony:

Em 1979, na crise entre Estados Unidos e Irã, com reféns presos na embaixada norte-americana de Teerã, a coisa esquentou, houve ameaças de resgate e vários incidentes que quase provocaram uma guerra. Reconhecendo o erro, o presidente Carter foi para a televisão e declarou: "Eu, Jimmy Carter, presidente dos Estados Unidos, declaro que sou o culpado por toda a lambança que cometemos".

[...]

Pagou um preço por isso: não foi reeleito, contrariando a série de reeleições naquele país, onde até Bush foi reeleito. Mas ganhou um Nobel da Paz e continua sendo usado pelos EUA e pela ONU como um mediador aceito em todas as partes do mundo. Ele poderia ter culpado o Pentágono, a CIA, os adversários de seu país. Mas usou o pronome na primeira pessoa do singular: "eu".[2]

Assim também, Tácito, em vez de culpar a secretária por erros de digitação, poderia ter assumido as próprias falhas. Erraria na gramática, mas ganharia em credibilidade.

Para construir a credibilidade, tão indispensável para a persuasão, é preciso:

- apresentar argumentos consistentes e verdadeiros;
- cuidar de uma relação coerente entre mensagens e atitudes.

Bem, caro leitor, até aqui conhecemos dois pontos de honra da comunicação:

- planejamento, ficha mental e ensaio;
- persuasão.

São pontos necessários, porém insuficientes. Devemos também desenvolver nossas habilidades de fala, expressão corporal e utilização de recursos audiovisuais. É o terceiro ponto de honra, que veremos a seguir.

NOTAS

[1] *Folha de S.Paulo*, 25/1/2001.
[2] Carlos Heitor Cony, "Plural majestático". *Folha de S.Paulo*, 13/8/2005.

5.
Terceiro ponto de honra da comunicação: fala, expressão corporal e recursos audiovisuais

Parece indiscutível que o resultado da comunicação será tanto melhor quanto mais houver planejamento e persuasão. Quando nos propomos a falar em público, porém, devemos levar em conta mais um aspecto: as competências específicas do orador. A apresentação de Tácito nos mostra como planejamento e persuasão, apesar de imprescindíveis, não bastam para o bom desempenho do apresentador. Desde o início de sua fala, o próprio Tácito reconhece as dificuldades de expressão verbal e corporal:

> Ah, sim, me lembrei! Vendo o vídeo, quero dizer que não gostei nem da minha fala nem das minhas posições e gestos. Expressões importantes como "biomapa comunitário" foram pronunciadas com voz baixa e dicção ruim. E foi horrível a minha posição: de costas para a plateia, na frente da luz do projetor, sombras na tela... horrível! Pior ainda o zíper aberto, o gesto obsceno...

Além desses ruídos, Ly acrescenta os erros cometidos por Tácito na utilização dos recursos audiovisuais:

> [...] os slides estavam poluídos, antiestéticos e ilegíveis. Também aí entram o planejamento e a preparação: slides bem produzidos, distribuídos numa sequência lógica, num cronograma adequado... para não ter de "pular slides"!

É evidente, portanto, que, para ser competente ao falar em público, o comunicador deve ter habilidades de expressão verbal (ou fala) e corporal, bem como pleno domínio dos recursos audiovisuais. Veremos em que consistem essas habilidades.

HABILIDADE 1:
EXPRESSÃO VERBAL OU FALA

O bom desempenho de todo orador – seja ele apresentador, conferencista, professor, candidato, líder de um grupo ou administrador – começa pela fala. Qualquer tropeço ou ruído na expressão verbal pode prejudicar a recepção da mensagem, comprometendo, irremediavelmente, a principal meta do comunicador, que é, como o caro leitor bem sabe, persuadir o ouvinte/cliente a aceitar e "comprar" a ideia central do discurso (produto, serviço, projeto, tese etc.).

Foi o que ocorreu: as falhas de expressão verbal afetaram diretamente o resultado pretendido, pois, se o objetivo da apresentação era persuadir o público dos benefícios do INOVAR, e se um dos conceitos básicos do projeto era a noção de biomapa comunitário, podemos verificar que dois tropeços de fala – voz baixa e má pronúncia – arruinaram as pretensões de Tácito. Vamos assistir a um replay desse momento para observar como implodir uma bela ideia que poderia ter sido o grande gancho da apresentação.

> **Tácito** – [...] eu dizia que o INOVAR vai estar habilitando as pessoas a descobrirem soluções no seu próprio ambiente. Por exemplo, o biomapa comunitário.

A expressão "biomapa comunitário" foi pronunciada em voz baixa, com uma dicção inaudível. O jornalista Péricles, do *Jornal do Bairro*, reclama, queixando-se por não tê-la entendido.

> **Péricles** – Não entendi! O senhor disse "bio..." o que mesmo?

Tácito reage com irritação, repetindo, sílaba por sílaba, pausadamente, com voz agressiva, a expressão "biomapa comunitário":

> **Tácito** – Vamos lá! De novo: bi-o-ma-pa co-mu-ni-tá-rio! Entendeu? Esse é um conceito fundamental para compreender nosso método de trabalho!
> **Péricles** – Tá bom, tá bom, calma, já entendi, já entendi...

Descontrolado, Tácito não consegue retomar a sequência das ideias:

> **Tácito** – Entenderam? Eu disse "biomapa comunitário", certo? Ok, gente? Eeeeh... tudo bem, então? Ok, vamos continuar, vamos lá, pessoal!

Se, para compreender o projeto da Pakot, era indispensável entender o significado de biomapa comunitário, Tácito deveria ter enchido os pulmões para pronunciar essa expressão com voz clara e audível, impregnada de uma entoação entusiasmada. Por outro lado, ele poderia ter respondido à pergunta de Péricles com empatia e serenidade, utilizando expressão facial sorridente e entoação amigável:

> **Tácito** – Boa pergunta, Péricles. Você me dá uma ótima oportunidade para esclarecer o que é "biomapa comunitário", esse conceito que é o grande fundamento de nosso projeto...

Teriam sido grandes ganchos! Ao contrário, as falhas de expressão verbal e as consequentes reações do público acabaram por gerar antiganchos, como agressividade, descontrole, mal-estar e clima pesado.

Considerando, portanto, que a qualidade da expressão verbal pode influir decisivamente nas respostas positivas ou negativas dos ouvintes, é evidente que o comunicador tem de desenvolver uma fala competente, isto é, clara, audível e envolvente, evitando justamente as falhas de Tácito.

Tais defeitos – voz baixa e má pronúncia – mostram que a fala competente é uma habilidade que resulta da combinação de várias operações: produção da voz, entoação, pronúncia, ritmo e pausas. Basta que o orador tropece em uma delas para desfazer-se tal habilidade. Para não haver tropeços e ruídos, é preciso que essas operações sejam realizadas com eficácia pelos órgãos da fala que constituem o aparelho fonador. Veja a ilustração.

O aparelho fonador e os órgãos da fala

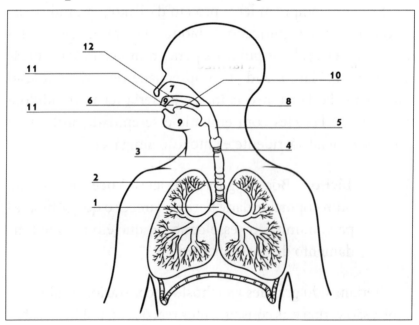

1. Pulmões e brônquios
2. Traqueia
3. Laringe
4. Glote e cordas vocais
5. Faringe
6. Cavidade bucal
7. Cavidade nasal
8. Véu palatino ou palato mole
9. Maxilares e dentes
10. Língua
11. Lábios
12. Palato duro (céu da boca)

Para a produção da fala, vale lembrar as seguintes funções dos órgãos do aparelho fonador:

- os pulmões, os brônquios e a traqueia são os órgãos respiratórios que fornecem, por meio da expiração, a corrente de ar necessária para produzir o som da voz;
- as cordas vocais, duas membranas ou pregas musculares situadas na laringe, pressionadas pela passagem do ar, quando fechadas, produzem as vibrações sonoras ou os sons da fala;
- as cavidades supralaríngeas (faringe, boca e fossas nasais) atuam como a caixa de ressonância que modula e formata os sons. A boca, com a atuação de seus órgãos (língua, dentes, lábios etc.), é responsável pela formatação da maioria dos sons da fala: sons consonânticos (/p/, /b/, /t/, /d/ etc.) e sons vocálicos (a, e, i, o, u).

Com base nessas breves noções de fisiologia, podemos agora mostrar como devem funcionar as três operações geradoras da fala competente.

Voz: matéria-prima da fala

Como já observamos, o ar, produzido nos pulmões pela expiração, passa pela traqueia, chega à laringe e, ao encontrar as cordas vocais fechadas, força a passagem, provocando vibrações nessas membranas e, em consequência, um conjunto de sons que constituem a voz.

Verificamos, então, que o aparelho fonador funciona como um verdadeiro instrumento de sopro, impulsionado pela expiração, a qual resulta de um jogo de movimentos respiratórios com a inspiração. Por isso, quando falamos em público nossa respiração não é propriamente natural nem espontânea, como a respiração cotidiana. O orador deve controlar, conscientemente, os movimentos respiratórios, a fim de que a expiração predomine, pois ela é que vai gerar o sopro necessário para a produção dos sons. Assim, a expiração desempenha um papel decisivo para a qualidade da voz. Vejamos como.

1. Se quisermos que a voz seja audível, devemos investir na expiração para impulsionar o volume e a altura dos sons.
2. Se desejarmos um timbre adequado e agradável, devemos controlar a força da expiração. Assim, evitamos: a perda de fôlego, o que nos deixaria sem voz; o excesso de pressão sobre as cordas vocais, o que causaria sons estridentes ou, pior, voz esganiçada.
3. Para que a voz seja ouvida clara e limpidamente, é necessário também que a expressão corporal seja adequada para o livre trajeto da expiração, evitando-se obstáculos como:

- postura curvada e consequente compressão do tórax, com prejuízo para os movimentos respiratórios;
- cabeça baixa;
- mão na boca;
- "florestas" de bigodes e barba sobre os lábios.

É claro, caro leitor, que a energia expiratória, tão necessária para a qualidade da voz e da fala, também não decorre de um passe de mágica. Ela é, antes, o resultado de todo um planejamento, muito ensaio e convicção. É essa energia que faltou para Tácito; no momento decisivo da apresentação, os clientes ouviram um pífio "biomapa comunitário"...

Mas não basta uma voz audível para desenvolver uma boa fala. É preciso que essa fala seja também envolvente. Daí a importância da entoação.

Entoação: a alma da comunicação

Para termos uma ideia da importância da entoação, basta voltar ao triste episódio em que Tácito reage com mau humor à interpelação do jornalista Péricles:

> [...] Tácito reage irritado, repetindo, sílaba por sílaba, pausadamente, com voz agressiva, a expressão "bi-o-ma-pa co-mu-ni-tá-rio"...

A irritação de Tácito é traduzida por toda uma carga de agressividade na entoação, resultando num clima de mal-estar e constrangimento. Vimos que o resultado poderia ter sido bem diferente se Tácito mantivesse a serenidade e utilizasse uma entoação animada e amigável. Ele teria envolvido o ouvinte e valorizado o grande gancho da apresentação, o biomapa comunitário. Infelizmente para ele e, principalmente, para a empresa, não foi o que aconteceu.

Mas o erro de Tácito nos permite, por outro lado, perceber como a entoação é fundamental para os resultados que pretendemos obter junto aos clientes. O caro leitor deve ter verificado que o efeito causado pela entoação inadequada foi bem mais prejudicial do que se poderia imaginar: na verdade, a entoação agressiva atingiu em cheio a imprescindível dimensão afetiva e emocional em que deve desenrolar-se todo ato comunicativo. Quando essa dimensão se rompe, os pontos de honra da comunicação – sobretudo a persuasão – ficam profundamente lesados, pois o relacionamento entre os seres e, evidentemente, a comunicação estão sempre cercados por fatores afetivos e emocionais.

Pois bem, a entoação pode exercer um papel decisivo para a criação de um clima afetivo favorável, na medida em que podemos imprimir ao discurso modulações ou tonalidades sonoras propícias para obter a adesão dos ouvintes/clientes. E é fácil constatar como a entoação influi na recepção das mensagens, pois, conforme a tonalidade da voz (combinada, certamente, com a expressão corporal e facial), um simples "bom dia" pode conotar amabilidade, polidez, otimismo, intimidade, afetividade ou agressividade, grosseria, pessimismo, frieza e até ódio.

Podemos usar a entoação para conferir ênfase a uma palavra ou expressão. Assim, por exemplo, na frase "Você, e não ela, fará o discurso hoje!", a entoação pode recair sucessivamente sobre diferentes termos, segundo os objetivos do comunicador:

– *Você*, e não ela, fará o discurso hoje!
– Você, *e não ela*, fará o discurso hoje!
– Você, e não ela, *fará* o discurso hoje!
– Você, e não ela, fará o *discurso* hoje!
– Você, e não ela, fará o discurso *hoje*!

Graças à entoação, a mesma frase tem cinco diferentes sentidos. Imagine o leitor como um apresentador, utilizando habilmente a entoação, pode criar uma variedade de efeitos positivos no público.

E como utilizar habilmente a entoação? Bem, primeiramente, é importante saber que as modulações da entoação se apoiam em movimentos de elevação, estabilização ou descida das tonalidades da voz. Assim, a entoação do discurso se distribui em tons ascendentes, estabilizados e descendentes. Essa distribuição pode ser manobrada pelo comunicador, pois, conforme o efeito que queira extrair de uma determinada sequência sonora, ele poderá investir maior vigor no tom ascendente ou descendente. Retomemos a frase imaginária que Tácito poderia ter dito (mas não disse) e vejamos como poderia ser a distribuição dos três tipos de tonalidade:

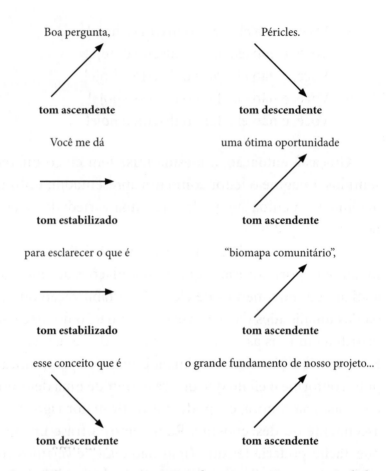

Caso Tácito tivesse conseguido imprimir essas tonalidades à principal ideia de sua apresentação, certamente causaria um efeito positivo, despertando a atenção dos clientes.

É bom reconhecer, no entanto, que, ao menos em um momento, Tácito procurou utilizar voz e entoação adequadas:

> Percebendo o mal-estar e o clima pesado, Ly faz um sinal para estimular Tácito a continuar a apresentação. Pouco a pouco, ele recobra o ânimo:

Tácito – Bem, como eu dizia, *biomapa comunitário* é um conceito fundamental para compreender nosso método de trabalho!

A plateia mostra-se mais atenta. Ainda com o slide da pobreza projetado na tela, Tácito, voltado para a audiência, inflama-se...

Graças a Ly, Tácito tomou consciência da necessidade de chamar a atenção da plateia para o conceito central do projeto e procurou imprimir entusiasmo na voz e na entoação, o que provocou uma reação favorável dos ouvintes. Pena que o entusiasmo tenha durado pouco, pois, por falta de planejamento e de ensaio, esses ganchos foram enfraquecidos pelas vacilações, pelos cacoetes e pela redundante história da "pescaria". Perdeu-se todo o efeito da entoação.

O leitor, porém, poderia rebater: "Não é muita exigência para uma apresentação? Planejamento, ensaio, ganchos, voz alta, todas essas entoações... Eu teria de ser um ator!".

De fato, o apresentador tem de ser, até certo ponto, um ator, isto é, valorizar suas ideias por meio de uma verdadeira encenação ou dramatização. Procure o leitor imaginar uma apresentação sem entoação: seria um triste discurso, monótono e cansativo.

Para a prática e o treinamento da voz e da entoação, gostaríamos de fazer uma recomendação ao caro leitor.

Curso de iniciação teatral e arte dramática

No teatro, podemos aprender técnicas para a boa colocação da voz, além de produção e controle das tonalidades de entoação.

Exercícios de leitura em voz alta

A leitura, em voz alta (se possível gravada), de textos em prosa ou poemas constitui um excelente treinamento para adquirirmos consciência da própria voz e das infinitas possibilidades de uso da entoação. É bom lembrar, contudo, que, para uma boa leitura em voz alta, devemos, antes de tudo, fazer uma leitura silenciosa e atenta do texto, procurando não só entendê-lo racionalmente como também senti-lo emocionalmente. Isso vale, aliás, para todo e qualquer texto: discurso, apresentação, aula, palestra, conferência etc.

Façamos uma experiência: suponhamos que tivéssemos de ler, em voz alta e com entoação, esses versos iniciais de "Meus oito anos", de Casimiro de Abreu, nosso grande poeta romântico:

> Oh! Que saudade que tenho
> Da aurora da minha vida,
> Da minha infância querida
> Que os anos não trazem mais!

Em primeiro lugar, seria preciso, além do entendimento, captar o sentido emocional desses versos, para então realizar a leitura em voz alta, enriquecida com as tonalidades emotivas que quisermos conferir a determinadas expressões. Parece haver uma entoação ascendente em "saudade", "aurora", "infância querida", e outra tonalidade claramente descendente em "Que os anos não trazem mais". As tonalidades ascendentes seriam expressas em voz alta e entusiasmada, enquanto a tonalidade descendente se expressaria em voz quase baixa e grave. Esquematizando, teríamos:

Oh! Que saudades que tenho
Da aurora da minha vida,
Da minha infância querida

tom ascendente

Que os anos não trazem mais!

tom descendente – voz quase baixa e grave

Parece ter ficado evidente que a boa prática da entoação, condição necessária para que a fala seja envolvente, também depende, a exemplo da voz, de muito planejamento, ensaio e convicção. Voz e entoação, entretanto, não são suficientes para a fala competente. É preciso cuidar também da pronúncia e do ritmo, operações essenciais para que nossa fala possa ser entendida pelos ouvintes.

Pronúncia, ritmo e clareza da fala

O clima de constrangimento e mal-estar entre Tácito e a plateia começa pelas falhas de expressão verbal do apresentador. O jornalista Péricles, apesar de atento ouvinte, não consegue entender a expressão "biomapa comunitário" (tão importante para o projeto da Pakot) simplesmente porque, além da voz baixa, a má pronúncia impediu a captação plena da mensagem. Se, depois de todo um planejamento, não cuidarmos também da qualidade da pronúncia, corremos o sério risco de prejudicar a clareza da apresentação e o entendimento dos ouvintes.

Para uma pronúncia clara e bem cuidada, seguem algumas observações e recomendações.

Fala pública *versus* fala coloquial

Já sabemos que, em situações coloquiais, a fala é descontraída, distensa e informal. Até certo ponto, falamos espontaneamente e pronunciamos as palavras do jeito que nos é mais cômodo e confortável. Assim, na fala coloquial e popular, é comum suprimirmos sons, como o /s/ (marca de plural) ou sílabas de termos de uso corrente: as casa, tá, cê etc.

Na comunicação em público, já sabemos que tudo é diferente: como nossa imagem está em jogo e queremos produzir um efeito favorável nos ouvintes, a fala é tensa, controlada, disciplinada, e a pronúncia das palavras deve ser clara, límpida, nítida e bem articulada. Para ser entendido, o apresentador deve articular com precisão e nitidez a pronúncia de expressões de sonoridade complexa, como "biomapa comunitário", "análise institucional", "planejamento estratégico", "projeto de sustentabilidade administrativa e financeira" e tantos outros termos da atualidade.

Correta articulação dos sons e clareza da pronúncia

Para uma pronúncia nítida e clara, o comunicador deve empenhar-se na correta articulação dos sons. É útil voltar ao funcionamento do aparelho fonador, lembrando que os sons da fala são articulados na cavidade bucal, por meio de variados movimentos e combinações dos órgãos bucais, como a língua, os dentes, os lábios, o véu palatino, além das chamadas fossas nasais.

O som /d/, por exemplo, resulta da seguinte articulação: as vibrações sonoras chegam à cavidade bucal e encontram um obstáculo formado pela ponta da língua encostada nos dentes; com a pressão da corrente de ar, o obstáculo se desfaz, produzindo-se o som consonantal /d/, como em "dado". Já o som /t/ articula-se da mesma maneira, embora não venha acompanhado de vibrações sonoras, uma vez que a corrente de ar passou livremente pelas cordas vocais, as quais estavam "abertas". De acordo com a fonética, o /d/ é uma consoante sonora e o /t/ é uma consoante surda. Por outro lado, as vogais resultam de vibrações sonoras que passam livremente pela cavidade bucal, mas sofrem a ação dos movimentos dos lábios (/o/, /u/) e dos maxilares (/a/); são as vogais orais. Se a vibração sonora for, em parte, desviada para as fossas nasais (por ação do véu palatino), teremos as vogais nasais (/ã/).

– Por que todos esses pormenores de fonética? – poderia perguntar o leitor.

A pergunta é justa. Queremos mostrar como é importante, para a pronúncia, compreender a complexidade das articulações e dos movimentos bucais. Caso o comunicador não fique atento a esses movimentos, a pronúncia nem sempre será nítida e clara. Se não controlarmos, por exemplo, os movimentos do véu palatino, a pronúncia será carregada de nasalidade, resultando daí a chamada voz fanhosa. Para a boa pronúncia, é preciso, como já observamos, ler textos em voz alta, a fim de treinar os movimentos articulatórios na produção de consoantes sonoras e surdas, dentais, labiais e palatais, bem como na pronúncia das vogais orais e nasais.

Um cuidado especial deve ser tomado na pronúncia de palavras em que há encontros consonantais, como *problema* (e não *pobrema*), *psicologia* (e não *pissicologia*), *advogado* (e não *adevogado*) etc.

Ritmo e pausas

A pronúncia inaudível de "biomapa comunitário" pode ter sido causada também por um ritmo excessivamente "apressado". Essa é uma falha muito comum em apresentações: o comunicador está tão empolgado ou tenso que nem sequer percebe a velocidade e a rapidez com que pronuncia as palavras. O efeito é desfavorável, pois os ouvintes podem não entender claramente o discurso. Cabe ao apresentador controlar o ritmo, uma vez que:

- se for muito rápido, pode prejudicar a clareza da pronúncia;
- se for lento, pode gerar monotonia e cansaço.

O importante é que o ritmo controlado possibilite a clareza da pronúncia das palavras. Com esse controle, podem ser evitadas graves falhas de articulação de palavras de sonoridade complexa, como é o caso de:

- *constituição*, pronunciada *consção*;
- *constitucional*, pronunciada *conscional*;
- *institucional*, pronunciada *inscional*.

Esse grave desleixo na pronúncia de importantes palavras levou o jornalista José Simão a apelidar alguns políticos de "boca de sovaco".

Para o controle do ritmo, nada melhor do que a prática de pausas estratégicas. O comunicador deve planejar, estrategicamente, algumas pausas durante o discurso, a fim de:

- respirar e ganhar fôlego para o volume da voz, a entoação e a correta pronúncia;

- administrar o ritmo;
- criar um gancho ou um efeito de suspense na plateia, para destacar ou enfatizar uma expressão.

Se quisesse criar um efeito positivo nos ouvintes, ao proferir a frase "[...] biomapa comunitário é um conceito fundamental para compreender nosso método de trabalho!", Tácito poderia ter:

- pronunciado biomapa comunitário com voz alta e entoação ascendente;
- feito uma pausa estratégica;
- finalizado a frase sempre com entoação ascendente.

Vimos até aqui como desenvolver a habilidade da fala ou expressão verbal. Essa habilidade, entretanto, não se realiza isoladamente, pois deve ter ficado evidente que a fala de Tácito estava totalmente comprometida com a expressão corporal. Esta é a habilidade de que vamos tratar agora.

HABILIDADE 2: EXPRESSÃO CORPORAL

Em sua autoavaliação, Tácito demonstra ter plena consciência dos erros de expressão corporal:

> E foi horrível a minha posição: de costas para a plateia, na frente da luz do projetor, sombras na tela... horrível! Pior ainda o zíper aberto, o gesto obsceno... Percebo que tenho de praticar muito a fala e a expressão corporal.

Parece óbvio que a fala depende da expressão corporal. O leitor já imaginou um comunicador com a expressão facial "congelada", sem contato visual, sem gestos, sem movimentos? Seria uma situação, no mínimo, muito estranha. Entretanto, apesar de tão óbvia dependência entre expressão verbal e expressão corporal, frequentemente nos esquecemos do óbvio e não percebemos como o corpo emite indícios, signos e mensagens:

- tanto quanto a fala, ou além e independentemente da fala, como um furtivo piscar de olhos, numa reunião;
- em contradição com a fala, quando o chefe diz ao subordinado que gostou do relatório, embora faça uma cara de "limão azedo".

É comum ouvir, depois de uma palestra, perguntas como:

- Por que o orador coçava o nariz o tempo inteiro?
- Por que o apresentador esfregava tão insistentemente as mãos nos bolsos?

Esses exemplos mostram que não é muito fácil ter uma autopercepção do corpo, pois vamos agindo automaticamente, produzindo expressões, gestos e movimentos sem muita consciência de nosso comportamento. O fato é que, queiramos ou não, o corpo está, o tempo todo, emitindo mensagens que é preciso captar. Numa apresentação, os meneios de cabeça de um ouvinte sonolento podem indicar que a palestra está monótona e desinteressante, como foi o caso de Tácito.

O comunicador competente deve perceber os signos emitidos pelo próprio corpo e pela expressão corporal dos ouvintes. Como adverte Sigmund Freud, nenhum mortal guarda segredo: sempre acabamos por revelar nossos sentimentos e emoções. Na verdade, quando falamos, o corpo inteiro está em jogo e cada parte ou segmento pode comunicar algo: cabelo, olhar, cabeça, rosto, tronco, respiração, mãos, pernas, pés, postura, movimentos, vestuário etc. Pormenores nem sempre perceptíveis e aparentemente secundários podem ser notados, por exemplo, por um aluno, ao avaliar um professor:

– É um bom professor, mas usa, o ano todo, o mesmo cinto puído...

Como se vê, um pormenor do vestuário pode deslustrar a imagem de um apresentador.

Poderia o leitor perguntar:

– Mas, se o conteúdo da aula é bom, será que esse "ruidinho" é tão importante?

Responderíamos ao leitor que tudo é importante na comunicação, pois um simples "ruidinho" pode desviar a atenção dos ouvintes e prejudicar a recepção da mensagem.

É compreensível, todavia, que, por duas causas, ou menos, nem sempre percebamos o próprio corpo:

- automatização do comportamento, com repetição mecânica de gestos e cacoetes corporais;
- ansiedade e nervosismo, antes e durante uma apresentação sem planejamento e ensaio.

Para evitar a ansiedade e o medo, nada mais adequado do que – mais uma vez recomendamos – planejar e ensaiar. Com isso, o comunicador poderá adquirir a tranquilidade e o relaxamento necessários para investir na expressão corporal e para conscientizar-se das múltiplas mensagens emitidas pelo corpo.

Vamos analisar uma pequena amostra de expressões corporais, ressaltando o que pode gerar efeito positivo (sinal +) ou negativo (sinal –) na comunicação em público:

Ollhos e contato visual

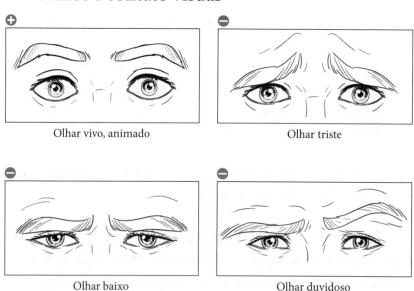

Expressão facial

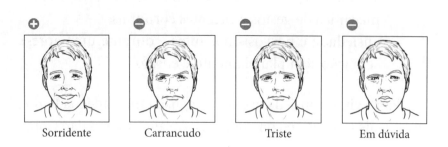

Cabeça

Erguida

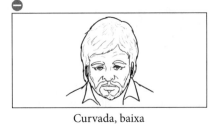
Curvada, baixa

Gestos de mãos e braços

Gestos expressivos, acompanhando a fala

Mãos "esfregando" os bolsos

Mãos presas

Mãos manipulando objetos (óculos, botões)

Mãos nos quadris

Gestos inconvinientes

Mãos e braços nas costas

Braços cruzados, prendendo a respiração

Mãos usando corretamente o *pointer*, indicando ítens no slide; contato visual com a plateia

Mãos coçando barba e bigode

Mãos segurando folhas ou papéis "amarrotados" para consulta durante a apresentação

Mãos e braços na frente do slide, lançando sombras na tela

Braços soltos ou "caídos"

Gestos descoordenados dos braços

Mãos presas no púlpito, no microfone ou mesa

Corpo

Corpo ereto

Corpo curvado dificultando a respiração

Corpo "desmontado"

Pernas e pés (em pé)

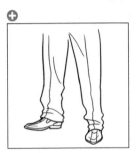
Pernas eretas

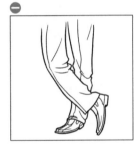
Pernas e pés cruzados

Sapatos com o bico para o alto ou em movimento

Postura e movimentos

Postura ereta, ao lado da tela de projeção, e *pointer* na mão

Postura curvada, lançando sombras na tela, de costas para a plateia

Pernas cruzadas, com sapatos mostrando a sola

Pernas excessivamente abertas

Movimentos desordenados de vaivém

Postura congelada ou imobilizada

Vestuário

Vestuário formal, cor sóbria

Vestuário formal mas muito estampado

Vestuário informal (bermudas)

Vestuário formal em locais informais

Vestuário em desalinho

Diante de tal variedade de expressões corporais, é pertinente fazer algumas recomendações a quem se prepara para falar em público. Vamos a elas?

1. Mantenha contato visual com os ouvintes.
2. Utilize expressão facial amigável.
3. Faça gestos e movimentos coerentes com a apresentação.
4. Evite gestos e movimentos desordenados.
5. Procure não prender mãos, braços, pernas e pés.
6. Evite mãos nas costas, nos quadris e nos bolsos.
7. Evite gestos ou posturas inconvenientes.
8. Evite postura imobilizada.
9. Evite ficar na frente da luz do projetor.
10. Utilize *pointer* (ou apontador a laser) para indicar itens nos slides, evitando sombras na tela.

11. Cuide do vestuário.

12. Procure articular, de modo harmônico e coerente, a fala (voz, entoação, pronúncia, ritmo e pausas) e a expressão corporal (contato visual, expressão facial, gestos, postura, movimentação e vestuário).

Bem, caro leitor, com o avanço tecnológico, hoje, há uma terceira habilidade que se acrescenta à expressão verbal e corporal e que pode agregar muitos valores a uma apresentação. São os recursos audiovisuais, cuja utilização justifica plenamente a proverbial expressão: uma imagem vale mais do que mil palavras.

É preciso, contudo, usar esses recursos não como "perfumaria", mas como uma ferramenta que amplia a percepção e a compreensão dos clientes. Veremos, então, como utilizar, de modo funcional e pertinente, os recursos audiovisuais.

HABILIDADE 3:
RECURSOS AUDIOVISUAIS

Todos nós sabemos da importância dos recursos audiovisuais para a comunicação em público. Mas talvez seja oportuno demonstrar qual é a função específica desses recursos numa apresentação. Vamos ilustrar essa demonstração com um caso fictício... que poderia ser real.

Um projeto e... um diretor cansado

Tínhamos de apresentar um projeto ao diretor de nossa instituição, para que ele o aprovasse. Preparamos uma apresentação de 50 minutos, bem estruturada e apoiada em argumentos consistentes, a fim de persuadir o diretor a "comprar" o projeto.

Ocorreu que o diretor, já cansado, depois de um dia muito atarefado, não se mostrava disposto a assistir a uma apresentação que lhe parecia longa, a julgar pelo texto que lhe foi entregue.

O que fazer? Bem, para salvar o projeto, foi preciso reformular o plano de apresentação, introduzindo imagens ou até substituindo toda uma explicação verbal por mensagens visuais. Com essa visualização facilitamos a recepção e o entendimento do conteúdo da apresentação, na medida em que aliviamos a carga de informações verbais por meio de ilustrações.

Como o leitor pode perceber, em vez de um longo e monótono palavreado, podemos utilizar gráficos, desenhos, esquemas, figuras ou filmes para tornar a apresentação mais agradável, persuasiva e clara, possibilitando ao cliente visualizar nossas ideias, projetos ou produtos.

São vários os recursos audiovisuais:

- o corpo e a fala;
- quadro-negro;
- folha com roteiro;
- flip-chart;
- retroprojetor;
- dramatização;
- projetor digital para slides produzidos em computador;
- TV/projetor digital para exibição de filmes.

Atualmente, e cada vez mais, o projetor digital é o veículo preferido para projeção de slides produzidos em computador e filmes digitalizados. Isso se deve à versatilidade e à criatividade desse recurso, que possibilita montagens visuais dinâmicas, concisas, artísticas e capazes de sintetizar o conteúdo de uma apresentação em imagens de grande riqueza semântica. Podemos dizer que, até certo ponto, é possível comunicar tudo por meio de alguns slides bem diagramados.

Porém, para não incorrermos nos erros de Tácito, é preciso saber utilizar corretamente os recursos dos softwares de apresentação (como o PowerPoint). E as falhas de Tácito foram várias e gritantes. Vamos repassá-las.

- Postura inadequada na frente da tela de projeção
- Uso incorreto das mãos ao apontar o slide na tela
- Troca de pen drive ou de DVD, por mau planejamento
- Slide mal diagramado e cheio de erros gramaticais

Pakot Equipamentos e Embalagens S.A.

Programa INOVAR

PLANO da Apresentação
1)Porque o INOVAR:
2)O atual ambiente sócio-economico no Brasil;
3)A responsablidade social das empresas;
4)Inclusão social e diversidade;
5)A criação do programa INOVAR: o nome do programa;
6)Participantes e brain-storming;
7)Questões priritárias;
8)Ações prioritárias: escolas de formação, equipes de instrutores, encaminhamento de instrutores as comunidades, pesquisa de campo e estudo do meio, laboratórios, oficinas e simulações e exercícios de criatividade;
9)Recursos humanos
10) Recursos tecnológicos e físicos;
11) Como a empresa, o governo e a sociedade civil, no atual contexto político e econômico pode e deve colaborar.

- Slide mal diagramado, sobrecarregado, antiestético e ilegível

Tácito desperdiçou um excelente recurso, além de provocar uma reação bem negativa da plateia.

Para "vender" uma ideia, um projeto ou um produto, é preciso utilizar adequadamente os recursos visuais. Vamos oferecer uma "receita" para o bom uso do projetor digital e dos slides produzidos em PowerPoint.

Como usar os recursos audiovisuais para ajudar – e não atrapalhar – a apresentação

O erro primordial no uso de recursos audiovisuais em apresentações[1] é fazer deles a atração principal. É fácil cair na tentação de criar slides fantásticos, com filmes, animações, gráficos e fotos, e se esquecer do mais importante: o que o apresentador vai falar. Recursos audiovisuais devem ser apenas *suporte* para uma boa apresentação; muitas vezes, no entanto, o apresentador faz exatamente o contrário: vira um coadjuvante, um mero "leitor" de slides.

Há explicações históricas para tal fenômeno. Há alguns anos, antes da era dos *softwares* de apresentação como o PowerPoint, usávamos transparências ou o projetor de slides. O processo de elaboração era caro e demorado, mas havia uma vantagem nessa lentidão: faziam-se menos slides e tinha-se mais tempo para pensar em cada um deles. Os *softwares* de apresentação e os projetores digitais facilitaram a tarefa, gerando apresentações com um número exagerado de slides, excesso de texto, exagero nas animações e nos efeitos especiais. O foco da elaboração da apresentação, hoje, é cada vez mais "fazer slides", e não pensar na apresentação como um todo.

Quando o PowerPoint foi criado, em 1987, ninguém imaginava que ele seria a ferramenta número um para apresentações nos quatro cantos do mundo. No início, programas desse tipo destinavam-se a apresentações técnicas nas empresas; eles não foram imaginados para servir a todo tipo de propósito, de uma aula de história grega a um plano de ataque militar. Entretanto, o PowerPoint e seus similares[2] penetraram em toda atividade humana e tornaram-se padronizadores, em vez de ferramentas de estímulo à criatividade.

O importante, portanto, é saber como usar os recursos audiovisuais para fazer uma apresentação *diferente* das outras. Animações e efeitos sonoros já não arrancam aplausos da plateia. É preciso saber destacar-se dos demais!

A seguir, apresentamos recomendações e sugestões para o uso dos recursos audiovisuais e dos *softwares* de apresentação, considerando dois aspectos:

- preparação/execução da apresentação;
- layout/diagramação.

Preparação/execução da apresentação

1. PowerPoint não é teleprompter

Os slides devem reforçar nossas palavras, não repeti-las. Eles não são "colas" ou cópias da fala, e sim um acréscimo visual na apresentação. Caso contrário, ninguém precisaria sair de sua mesa de trabalho – bastaria enviar a apresentação pelo correio eletrônico. Portanto, lembre-se dessa regra de ouro do PowerPoint: *jamais leia os slides*. A seguir, apresentamos duas soluções fáceis para evitar o uso dos slides como roteiros para serem lidos.

- Use o recurso de "Anotações" do seu software de apresentação para elaborar uma ficha-cola com o roteiro de apresentação, informações mais detalhadas, frases de efeito, dados numéricos, curiosidades etc.
- Imprima sua ficha-cola com as devidas anotações. Muitas vezes, o bom e velho papel é a melhor mídia: permite que o comunicador se movimente livremente pelo território e faça sua apresentação mesmo que haja algum problema técnico com o computador.

2. Reserve tempo para interação, perguntas inesperadas e problemas técnicos

Ao preparar a apresentação, faça um cronograma, a fim de que os slides consumam, no máximo, 60% a 70% do tempo. Assim, é possível dispor de 30% do tempo total para interagir com os ouvintes, responder a perguntas inesperadas e resolver problemas técnicos.

É comum, por exemplo, que a conexão do computador ao projetor tome um ou dois minutos do tempo do apresentador (em muitas conferências acadêmicas, por exemplo, esse período não é descontado do total). Muitas vezes, uma pergunta inesperada da plateia pode tirar preciosos minutos e arruinar o planejamento de tempo.

3. Planeje de dois a três minutos por slide

Embora o uso do tempo dependa de vários fatores (repertório do público-alvo, relevância das informações etc.), é conveniente reservar um tempo médio de dois a três minutos para cada slide. Dedicar menos do que um minuto a cada um deles fará com que a apresentação pareça uma corrida contra o tempo, o que pode criar uma imagem negativa de amadorismo e falta de planejamento. Deixe slides de reserva para perguntas ou para o caso de ter mais tempo do que o previsto. Tenha sempre um "plano B" para imprevistos. Imagine, por exemplo, que uma pergunta da plateia provoque um atraso de cinco minutos: esteja preparado para cortar um pedaço da apresentação e garantir, sem atropelos, o fechamento da exposição. A plateia não deve perceber a estratégia utilizada: conclua a apresentação com naturalidade, evitando antiganchos como "vou pular esses slides porque não tenho mais tempo".

4. Use imagens originais e provoque respostas emotivas

Procure usar mais imagens e menos texto. Imagens são melhores para gerar respostas emotivas. Se o assunto é o difícil trânsito da cidade, em vez de exibir dados estatísticos, que tal mostrar a foto de um caminhão soltando fumaça preta e só distribuir os dados estatísticos impressos ao final da apresentação?

Mas fuja das fotos ou *cliparts* estereotipados. Procure ilustrações originais e sugestivas em *sites* profissionais, especializados em imagens de alta qualidade (chamadas *stock-photos*). Eles têm excelentes mecanismos de busca e, frequentemente, oferecem uma versão gratuita das imagens.

Trabalhe com cores que possibilitem um contraste harmonioso e agradável. Sempre faça um teste (com o projetor) para avaliar a qualidade visual dos slides: as cores do monitor podem ser diferentes daquelas do projetor. Uma apresentação que funciona bem em nosso monitor pode ser totalmente ilegível quando projetada.

5. Use poucas palavras: seja conciso

Sempre que possível, procure colocar pouco texto, apresentando tópicos que contenham apenas as palavras-chave que serão desenvolvidas no discurso. O slide deve ser conciso. Nunca escreva uma lista interminável de tópicos, tampouco uma redação. O desenvolvimento do tema é oral. A imagem é apenas o "ajudante" visual. Se as pessoas quiserem mais informações, perguntarão ou enviarão *e-mail*. Podemos também distribuir informações impressas ao final da apresentação.

Assim, não é adequado escrever frases inteiras no slide:

- O PROJETO TEVE GRANDE SUCESSO NO MERCADO BRASILEIRO

- ESTAMOS ESTUDANDO A EXPANSÃO PARA O MERCADO AMERICANO

- ENTRETANTO, O CAPITAL NECESSÁRIO PARA A EXPANSÃO É MUITO ALTO, TALVEZ ACIMA DAS POSSIBILIDADES DA EMPRESA

Devemos escrever apenas as palavras-chave e completar o restante oralmente:

- SUCESSO NO BRASIL

- EXPANSÃO: EUA E CANADÁ

- OBSTÁCULO: CAPITAL

Ou, para gerar mais suspense, procure usar palavras que provoquem a curiosidade do ouvinte:

```
• SUCESSO

• EXPANSÃO

• OBSTÁCULO
```

6. Revise, revise, revise

Use o corretor ortográfico para auxiliar na revisão de erros de grafia. Verifique, também, acentuação, pontuação, sonorização das palavras etc. Se possível, peça para outra pessoa ajudar a fazer a revisão. O verificador ortográfico nem sempre acerta! Um erro de ortografia pode distrair a plateia e arruinar nossa reputação.

7. Quem dá o ritmo é você, não os slides

O ritmo da exposição deve ser determinado pela fluência do discurso do apresentador, e não pela sequência das imagens. É comum assistir a apresentações em que a fala é cortada e segmentada de acordo com os slides. O apresentador nunca deve dizer "ok, vamos para o próximo slide". A sequência não deve ser forçada ou abrupta: ela tem de ser naturalmente "costurada" por nossa fala. Os ouvintes precisam manter o foco no conteúdo da apresentação, e não nos recursos audiovisuais.

8. Evite exagero de efeitos visuais e sonoros

Diversos pesquisadores em cognição humana já demonstraram que apresentações com muitos efeitos especiais geram uma resposta ruim na plateia. Não abuse de efeitos, transições, sons e animações – esses recursos só devem ser usados para enfatizar um ponto da apresentação, não como "embelezamento" dos diapositivos. Lembre-se de que a maioria desses recursos perdeu seu impacto e hoje é considerada clichê, sinal de amadorismo. Na hora de usar animações, estude-as cuidadosamente e verifique se são realmente necessárias para amplificar o impacto da imagem. Quando os efeitos forem necessários, procure utilizar um ou dois tipos, sempre de maneira coerente e com bom senso. Se decidir que o texto deve entrar no slide pelo lado esquerdo, mantenha esse padrão até o final.

9. Não use o 2 em 1

Muitas pessoas usam a técnica do "2 em 1". Em vez de fazer a apresentação e escrever um texto mais detalhado para entregar à plateia, combinam os dois no mesmo produto. Entregam uma cópia impressa daquilo que foi apresentado e se livram do trabalho de escrever qualquer coisa adicional. O resultado é desastroso: a apresentação fica pesada, pouco atrativa, "chata". Evite entregar uma cópia impressa dos slides ao final da apresentação. Lembre-se de que eles perdem impacto na forma impressa, porque não são acompanhados pela explicação oral. Se for necessário distribuir algo à plateia, produza um documento específico, aproveitando para incluir as informações que não são adequadas para apresentações orais, como tabelas com muitos dados, textos longos etc.

10. As três partes de uma apresentação de sucesso

A apresentação ideal deve ter três materiais de preparação: os slides, a ficha-cola e o material para distribuição à plateia (*handout*). Note que cada um desses materiais tem função muito bem determinada: os *slides* devem motivar e cativar a plateia, a *ficha-cola* deve conter o roteiro para o apresentador e os *materiais de distribuição* contêm informações mais detalhadas, inadequadas, portanto, para apresentações orais. Qualquer mistura entre essas três funções é receita para o fracasso: usar as imagens como roteiro para o apresentador, imprimir a ficha-cola e distribuir para a plateia, ou colocar informações em excesso nos slides. Entender a função desses três materiais é um grande passo para usar os recursos audiovisuais de maneira eficaz, elegante e profissional.

Dois conselhos de amigo

RESERVE TEMPO PARA PROBLEMAS TÉCNICOS DE ÚLTIMA HORA

Sempre reserve um tempo, antes da apresentação, para a resolução de problemas técnicos, sobretudo quando estiver usando outro computador que não o seu. As possibilidades de alguma coisa dar errado serão menores!

VOCÊ NÃO É A TELA!

Apesar de parecer básico, é um conselho que frequentemente esquecemos: nunca ficar na frente da luz do projetor. Use o apontador a *laser* – e não a mão – para indicar os itens que deseja destacar. Mantenha o contato visual com os ouvintes e evite ficar olhando para a tela.

Layout e diagramação

EXIBIÇÃO DE DADOS NUMÉRICOS

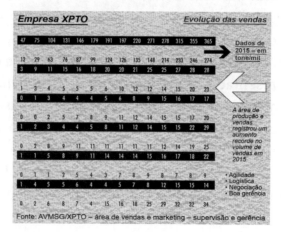

Prolixo e ilegível – Qual a imagem que passamos nesse slide?

Certamente, negativa: temos aqui um exemplo de antislide: prolixo, sobrecarregado e ilegível.

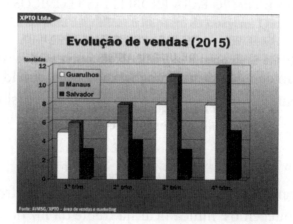

Informação "visual" – Veja a diferença: o gráfico apresenta só as informações que interessam, em formato de fácil visualização, sem excesso de texto.

ESCOLHA UM LAYOUT SIMPLES, ORIGINAL E ELEGANTE

> # FreshFood
>
> produtos de Alimentação
> relatório Estratégico
> Gerente: Rivaldo

O "sem graça" – Slide "sem graça", em preto e branco, com agrupamento inadequado de informações e confusão de maiúsculas e minúsculas.

O psicodélico – Slide psicodélico, com excesso de efeitos visuais e uma imagem sem relação com a atividade da empresa.

Simples, original, elegante – Slide visualmente agradável, com bom uso da imagem de fundo, além de texto claro e bem agrupado. Note o uso de tipos de letras diferentes, em vez dos tipos "normais" (Times New Roman e Arial).

TEXTO:
USE SOMENTE PALAVRAS-CHAVE E SEJA "VISUAL"

> **Estratégia de marketing**
> - Ganhar o mercado carioca com promoções em supermercados, bares e outros estabelecimentos comerciais.
> - Oferecer amostras grátis de nossos produtos em cruzamentos movimentados da cidade.
> - Distribuir nossos produtos para professores e alunos de escolas públicas e particulares, na capital e no interior.

Texto demais! – Slide sobrecarregado com texto. Não resta muito ao apresentador a não ser lê-lo. Note que há diversos dados desnecessários, o estilo é prolixo e o tom, inadequado. Uma receita perfeita para uma apresentação "chata".

> **Estratégia de marketing**
>
> - Ganhar o mercado carioca
>   - Supermercados
>   - Bares
>   - Outros estabelecimentos comerciais
> - Oferecer amostras grátis
>   - Cruzamentos movimentados
> - Distribuição em escolas
>   - Professores
>   - Alunos
>   - escolas públicas
>   - Escolas particulares
>   - Capital
>   - interior.

Itens demais! – Mesmo dividido em itens (*bullets*), o slide continua carregado e repleto de informações desnecessárias. Lembre-se: não é necessário incluir tudo no slide. O discurso do apresentador deve ser a costura de palavras-chave (ou fotos). Note também como a falta de uniformidade para letras maiúsculas/minúsculas fere os olhos ("Capital" e "interior", por exemplo).

Estratégia de marketing

- Mercado carioca
- Amostras grátis
- Escolas

Conciso, mas não visual – Slide leve, apenas com as palavras-chave que depois serão costuradas pelo apresentador. Entretanto, o layout é simples demais e não utiliza nenhum recurso gráfico para enfatizar a mensagem.

Conciso e visual – Nessa imagem, além da concisão no texto, temos um bom uso de recursos gráficos. Note que, colocando "Estratégia de *marketing*" no centro, e os outros itens em volta, criamos uma dinâmica visual muito mais atraente do que uma simples lista de itens. Além disso, utilizamos tipos de letras diferentes, o que dá um aspecto profissional ao layout. O fundo do slide tem um leve efeito visual que suaviza o texto, mas não "embaralha" a visualização das palavras.

Este foi o terceiro ponto de honra: fala, expressão corporal e recursos audiovisuais. Terminou? Não, caro leitor, ainda faltam algumas técnicas e habilidades. Não nos esqueçamos de que o coitado do Tácito cometeu erros gramaticais, foi prolixo, nem sempre foi claro, usou muitos cacoetes e linguagem chula. Esses problemas referem-se ao estilo do apresentador. Quando falamos em público, precisamos cuidar de nosso estilo. Esse é o quarto ponto de honra, de que trataremos no capítulo seguinte.

NOTAS

[1] Colaboração do prof. Paulo Blikstein, da Stanford University, EUA.

[2] Apesar de nos referirmos, frequentemente, ao PowerPoint, dada sua grande presença no mercado, as recomendações são válidas para outros programas similares, como o Key Note e o Open Office Impress.

6. Quarto ponto de honra da comunicação: estilo

Quando falamos em público, uma das condições indispensáveis para a criação de efeitos positivos nos ouvintes é o uso de uma linguagem clara, elegante e correta. Por melhor que seja o conteúdo da mensagem, uma linguagem "feia", malcuidada e cheia de vícios (cacoetes, repetições, erros etc.) pode incomodar e até agredir os ouvidos do público. Por isso é que nosso tão sofrido Tácito, infelizmente, não conseguiu produzir bons efeitos, pois sua apresentação foi marcada por verdadeiros "atentados" contra a língua portuguesa – aquela que nosso poeta Olavo Bilac chamou de "última flor do Lácio, inculta e bela".[1] Em sua autoavaliação, o próprio Tácito reconhece que, dentre os vários ruídos da apresentação, o mais irritante foi justamente um vício de linguagem, o cacoete, essa desagradável repetição de expressões (como "eeeeh"; "certo"; "não é?") que acaba por obstruir a fluência da fala:

> **Tácito** – [...] Agora, o que me irritou mesmo foi a repetição de palavras... como é o nome mesmo? [...] Isso mesmo, cacoetes! Ah, meu Deus, quanto cacoete! Eu não aguentava mais ouvir: "eeeeh, certo, não é, ok"! Eu não entendo. Por que tanto cacoete?

Mas o cacoete não foi a única falha de linguagem de Tácito, pois houve outros tipos de "atentado" que não escaparam à observação de Ly, Cléver e mesmo de Péricles, o atento jornalista.

Erros gramaticais

Péricles – [...] tenho algumas dúvidas e queria que o senhor me esclarecesse umas coisas sobre o slide. No primeiro item, não deve ser *por que*, separado? No segundo item, o certo não é *socioeconômico*, com acento circunflexo no quarto "o" e sem hífen?

Cléver – [...] Aqueles erros no slide "arranharam" a credibilidade da apresentação. [...] Você começa a sua fala com a "gerundite": "... é uma grande emoção *poder estar falando*...". Esse maldito gerúndio deve ser evitado.

Falta de clareza

Péricles – Não entendi! O senhor disse "bio..." o que mesmo?

Tácito – Vamos lá! De novo: bi-o-ma-pa co-mu-ni-tá-rio! Entendeu?

Comentários demasiadamente longos ou prolixos

Ly - [...] você investiu muito tempo nessas informações pouco relevantes e na leitura do segundo slide, o que prejudicou a administração do tempo.

Uso de linguagem chula

Tácito – [...] foi a briga com o técnico de audiovisual e, depois, no celular, a discussão com minha esposa, aqueles palavrões todos. Vi que o presidente, você e outras pessoas estavam de cabelos em pé!

Vemos, portanto, que a beleza de uma ideia valerá muito pouco se a forma de comunicá-la for "feia", cheia de erros e repetições. Ao falar em público, o comunicador tem de cuidar não só do conteúdo, mas também da forma ou, melhor dizendo, do estilo.

E o que é estilo?

Simples: estilo é o modo ou a forma como exprimimos nossas ideias.

Se a apresentação de Tácito pecou tanto contra a forma, gerando efeitos negativos nos clientes, a comunicação em público deve primar, então, por algumas qualidades de estilo. Vamos conhecê-las.

QUALIDADE 1:
CORREÇÃO GRAMATICAL

Nunca é demais lembrar que a gramática é o conjunto de regras para falar e escrever corretamente na língua oficial ou padrão – que, em nosso caso, é o português culto. A gramática estabelece regras sobre a formação das palavras, isto é, a morfologia; a articulação das palavras e frases, isto é, a sintaxe (concordância, regência, uso de preposições e conjunções) e outras questões de estilo (clareza, fluência e concisão).

Vale observar que, como a comunicação em público costuma ser acompanhada de recursos audiovisuais (slides, por exemplo), é necessário que se respeitem as regras do português escrito (ortografia, acentuação, pontuação etc.).

Cabe uma pergunta: por que e quando devemos respeitar as regras gramaticais?

Vamos esclarecer essa dúvida com uma história.

Numa entrevista coletiva, o diretor administrativo de um grande grupo empresarial prestava esclarecimentos aos jornalistas a respeito do novo plano de salários a ser implementado pela organização. Ao ser indagado sobre os protestos dos funcionários contra o plano, o diretor declarou:

– De fato, no começo, houveram manifestações até violentas; depois, felizmente, a polícia interviu e tudo voltou à normalidade.

Os termos "houveram" e "interviu" estão incorretos. Vamos ver por quê.

Uso correto do verbo haver

Quando significa "existir" ou indica tempo decorrido, o verbo *haver* é sempre usado na terceira pessoa do singular. Repare nos exemplos.

Houve (= existiram) muitas pessoas descontentes.

Ela telefonou há uns cinco dias (= "decorreram uns cinco dias desde que ela telefonou").

Como, na declaração do diretor, o verbo *haver* significa "existir" ("existiram manifestações"), o correto é "houve manifestações".

Uso correto do verbo "intervir"

O diretor quis dizer que "houve intervenção da polícia". Nesse caso, a forma correta é "a polícia interveio", pois se trata do verbo *intervir* (composto de "vir"), cujo pretérito perfeito é *interveio*, assim como o pretérito perfeito do verbo *vir* é *veio*. O diretor, entretanto, confundiu o verbo *intervir* com *interver* (= "ver entre"; entrever), cujo pretérito perfeito *interviu* produziu um ruído, na medida em que mudou inteiramente o sentido da mensagem.

O leitor deve ter percebido que os danos causados por esses erros vão muito além da gramática. Num ambiente público e formal, perante o olhar sempre crítico de uma plateia de jornalistas, o comunicador, diretor que atua como porta-voz de um grupo empresarial, comete duas infrações que podem comprometer não apenas sua imagem, mas a imagem da organização. O fato de não distinguir os verbos *intervir* e *interver* e o desconhecimento das regras de uso do verbo *haver* podem ser interpretados pelo público como:

- o diretor é ignorante: não conhece a língua portuguesa;
- o diretor não se preparou nem fez um ensaio para a entrevista;
- o diretor não sabe falar em público;
- a empresa não se preocupa com o uso correto do idioma e até despreza os cuidados com a boa expressão verbal.

Mas alguém poderia retrucar, observando:

– Foram só dois errinhos, que não vão matar ninguém...

Nós responderíamos que esses tropeços gramaticais, se não matam, podem significar incompetência do comunicador e, por extensão, incompetência da organização.

Assim, para responder à pergunta inicial – "por que e quando devemos respeitar as regras gramaticais?" –, podemos afirmar que, num ambiente formal, seja ele profissional, seja acadêmico, o que todos esperam de um orador, um apresentador, um conferencista, um professor, um administrador, um candidato ou um líder político é que, em primeiro lugar, todos usem corretamente a língua-padrão – o português culto – e não cometam erros gramaticais.

TÁCITO *VERSUS* GRAMÁTICA

Não foi o caso de Tácito, que pagou caro por ter cometido tantas incorreções. Essas faltas, de natureza bem variada, denunciaram o constrangedor despreparo do apresentador. Tácito parecia ignorar completamente as regras referentes aos principais tópicos da gramática, pois cometeu vários erros. Vejamos quais são eles.

Concordância verbal

Vamos começar por um grave erro de concordância verbal (concordância entre sujeito e verbo) que ocorre no item 11 do slide do plano da apresentação do projeto INOVAR. A gravidade da falta é dupla:

- o erro de concordância verbal indica falta de percepção acerca das relações lógicas na frase, pois, se o sujeito estiver no plural, por exemplo, o verbo também deverá estar no plural;
- num slide, o erro é visível e está exposto diante da plateia inteira, comprometendo a credibilidade do apresentador.

Vamos identificar e corrigir os erros.

- **Frase errada**

Como a empresa, o governo e a sociedade civil, no atual contexto político e econômico *pode* e *deve* colaborar.

Explicação do erro

O sujeito da frase está no plural ("empresa", "governo" e "sociedade civil"). Por isso, as formas verbais "pode" e "deve" vão para o plural, pois concordam em número com o sujeito.

Há também um erro de pontuação: falta uma vírgula depois do termo *econômico*. Essa falha será comentada mais adiante, quando tratarmos de erros de pontuação.

Frase correta

Como a empresa, o governo e a sociedade civil, no atual contexto político e econômico, *podem* e *devem* colaborar.

- **Frase errada**

[...] sempre que *houverem* problemas de vazamento...

Explicação do erro

Como o verbo *haver*, nessa frase, significa "existir", ele é impessoal e não tem, portanto, sujeito; por isso, mesmo que os termos seguintes ao verbo estejam no plural, *haver* deve ser usado sempre na terceira pessoa do singular. O correto é *houver*, em vez de *houverem*.

Frase correta

[...] sempre que *houver* problemas de vazamento...

- **Frase errada**

[...] *fazem* meses que não temos acidentes...

Explicação do erro

Quando significa "tempo decorrido", o verbo *fazer* é impessoal, não tendo, pois, sujeito. A exemplo do verbo *haver*, com sentido de "tempo decorrido", mesmo que as palavras seguintes estejam no plural, o verbo *fazer* fica sempre na terceira pessoa do singular: *faz*.

Frase correta

[...] *faz* meses que não temos acidentes...

Concordância pronominal

• Frase errada

[...] quem deveria *vos* falar agora seria o nosso vice-presidente...

Explicação do erro

O apresentador trata o público sempre na terceira pessoa do plural: *vocês, o presidente, as autoridades, os companheiros* etc. O pronome oblíquo que corresponde à terceira pessoa do plural é *lhes* e não *vos*, que se refere à segunda pessoa do plural.

Frase correta

[...] quem deveria *lhes* falar agora seria o nosso vice-presidente...

Regência verbal

• Frase errada

E gostaria de comunicá-*los* de que esta ausência se deve a um motivo realmente de força maior.

Explicação do erro

A regência do verbo *comunicar* é a seguinte:

- comunicar a alguém (objeto indireto, precedido da preposição *a*);
- comunicar algo (objeto direto, não precedido da preposição *a*).

Veja o exemplo:

Ele comunicou aos colegas (objeto indireto, precedido da preposição *a* + artigo *os* = *aos*) a notícia (objeto direto, sem preposição).

Assim, para o verbo *comunicar*, não cabe o objeto direto *los* (= eles), e sim o objeto indireto *lhes* (= a eles). Já na frase "Venho comunicar que esta ausência se deve a um motivo realmente de força maior", comunica-se algo (o objeto direto de comunicar), sendo então desnecessária a preposição *de*.

Frase correta
E gostaria de comunicar-*lhes* que esta ausência se deve a um motivo realmente de força maior.

Sintaxe: uso de preposições e pronomes

• Frase errada
[...] nosso diretor pediu... tá certo... pediu para *mim* fazer um relatório da evolução da qualidade dos produtos...

Explicação do erro
Esse é um erro muito comum. Como, depois das preposições, usam-se os pronomes do caso oblíquo (contra *mim*, para *mim*), a tendência é empregar o pronome *mim* depois da preposição *para*: "Deu o livro para mim".

Na frase de Tácito, todavia, o sujeito do verbo *fazer* não pode ser *mim*, mas o pronome do caso reto: *eu*.

Frase correta (sem o cacoete "tá certo")
[...] nosso diretor pediu para *eu* fazer um relatório da evolução da qualidade dos produtos...

MORFOLOGIA – CONJUGAÇÃO VERBAL

- **Frase errada**

Eeeh... como eu dizia, recebi com uma grande emoção o convite para *vim* falar hoje...

Explicação do erro

É muito frequente – e, surpreendentemente, em ambientes cultos – o uso equivocado da forma verbal *vim* em vez de *vir*, como ocorre nessa fala inicial de Tácito. Houve confusão entre a forma verbal de primeira pessoa do pretérito perfeito (*vim*) e o infinitivo (*vir*).

Frase correta

... como eu dizia, recebi com uma grande emoção o convite para *vir* falar hoje...

Redundância – Pleonasmo

- **Frase errada**

Com essa formação básica, cada um poderá tornar-se um *elo de ligação*...

Explicação do erro

A redundância ou pleonasmo (repetição desnecessária de palavras) é outro "cochilo" que pode causar desconforto para o comunicador. O termo "elo" já contém a ideia de ligação, dispensando, portanto, a expressão redundante "de ligação". O leitor poderá observar como esses pleonasmos invadem a linguagem cotidiana:

Ganhe grátis
Monopólio exclusivo
Plus a mais
Sair para fora

Frase correta

Com essa formação básica, cada um poderá tornar-se um *elo*...

Ortografia, acentuação e pontuação

Já comentamos a respeito do erro de concordância verbal cometido no item 11 do slide sobre o projeto INOVAR. Veremos agora as falhas específicas de comunicação escrita. Pedimos ao leitor que observe novamente esse slide:

Pakot Equipamentos e Embalagens S.A.

Programa INOVAR

PLANO da Apresentação
1)Porque o INOVAR:
2)O atual ambiente sócio-economico no Brasil;
3)A responsablidade social das empresas;
4)Inclusão social e diversidade;
5)A criação do programa INOVAR: o nome do programa;
6)Participantes e brain-storming;
7)Questões priritárias;
8)Ações prioritárias: escolas de formação, equipes de instrutores, encaminhamento de instrutores as comunidades, pesquisa de campo e estudo do meio, laboratórios, oficinas e simulações e exercícios de criatividade;
9)Recursos humanos
10) Recursos tecnológicos e físicos;
11) Como a empresa, o governo e a sociedade civil, no atual contexto político e econômico pode e deve colaborar.

Além do péssimo *layout*, podemos localizar facilmente:

ERROS DE PONTUAÇÃO – VÍRGULA

- **Frase errada**

Como a empresa, o governo e a sociedade civil, no atual contexto político e econômico pode e deve colaborar.

Explicação do erro

Além da falha de concordância verbal (sujeito no plural e verbo no singular), essa frase apresenta um grave erro de pontuação. Trata-se da ausência de uma vírgula após o termo *econômico*; essa vírgula seria necessária para separar nitidamente a expressão intercalada entre o sujeito da oração e o verbo:

> Sujeito – a empresa, o governo e a sociedade civil
> Verbo – podem e devem colaborar
> Expressão intercalada – no atual contexto político e social

Observe o leitor que a única vírgula, depois de *civil*, separa, erroneamente, o sujeito do predicado (verbo), quebrando a relação lógica da frase. Essa falha de pontuação é grave, pois indica que o apresentador desconhece a lógica das relações entre os termos da oração: sujeito + predicado (verbo + objeto ou complemento).

Frase certa

Como a empresa, o governo e a sociedade civil, no atual contexto político e econômico, podem e devem colaborar.

- **Expressão errada**

[...] oficinas *e* simulações *e* exercícios de criatividade...

Explicação do erro

Há uma repetição desnecessária do *e*; uma vírgula deveria substituir o primeiro *e*, para desfazer a redundância.

Expressão certa

[...] oficinas, simulações *e* exercícios de criatividade...

O emprego correto da vírgula é tão importante para a imagem do comunicador que vale a pena recordar algumas noções sobre seu uso.

1. Para a boa utilização da vírgula, é preciso estar atento aos termos essenciais da oração: *sujeito, verbo* e *objeto*.

Sujeito	Predicado	
	verbo	objeto ou complemento
João	comprou	o livro
O diretor	determinou	o cumprimento dos horários
O diretor	determinou	que os horários fossem cumpridos

2. A vírgula *nunca* pode separar os termos essenciais da oração. Assim, o correto é:

> O diretor determinou o cumprimento dos horários.
>
> O diretor determinou que os horários fossem cumpridos.
>
> Encaminhei o contrato, há dez dias, para o Departamento Jurídico.

3. Utiliza-se a vírgula para destacar as locuções adverbiais (indicações de tempo, lugar etc.) e as orações subordinadas, iniciadas por conjunção (quando, porque, se etc.) ou gerúndio:

> Ontem de manhã, quando cheguei à empresa, conversei com o cliente.

Faça uma revisão dos e-mails recebidos, verificando sempre se todas as mensagens foram respondidas.

4. Utiliza-se a vírgula para destacar o aposto:

Solicitei ao Dr. Pedro, atual diretor da Divisão de Finanças, o pagamento das despesas de viagem e estada.

ERROS DE PONTUAÇÃO – PONTO E VÍRGULA

Como todos os itens começam por letra maiúscula, o correto é usar ponto no final, e não ponto e vírgula.

1. A responsabilidade social das empresas.
2. Inclusão social e diversidade.
3. Recursos humanos.

Se quisermos utilizar ponto e vírgula, todos os itens devem começar por minúscula.

1. a responsabilidade social das empresas;
2. inclusão social e diversidade;
3. recursos humanos.

Outra possibilidade, bem mais visual e "enxuta", é a utilização de *bullets* (pequenos círculos negros) para cada item; nesse caso, a pontuação final é facultativa.

- A responsabilidade social das empresas
- Inclusão social e diversidade
- Recursos humanos

AVISO IMPORTANTE!

Não se deve acrescentar, no penúltimo item de uma lista, a conjunção *e*, pois o sistema de disposição de itens – por numeração, letras ou *bullets* – dispensa o uso de conectivos (*e*, *ou* etc.).

Assim, temos:

Exemplo certo
A responsabilidade social das empresas
Inclusão social e diversidade
Recursos humanos

Exemplo errado
A responsabilidade social das empresas
Inclusão social e diversidade, e
Recursos humanos

ERROS DE ORTOGRAFIA E ACENTUAÇÃO

- **Expressão errada**
[...] encaminhamento de instrutores *as* comunidades...

Explicação do erro
O verbo *encaminhar* e o substantivo *encaminhamento* exigem que o complemento seja precedido da preposição *a*. Assim:
Encaminhei o pedido *a* alguém.
O encaminhamento foi feito *a* alguém.

Se o complemento estiver no feminino, precedido do artigo *a*, haverá a fusão da preposição *a* + o artigo *a*, resultando a chamada *crase* (fusão de dois sons idênticos), que é marcada por um acento gráfico grave: *à*. Foi o que ocorreu na expressão analisada:

[...] encaminhamento de instrutores *a* (preposição) + *as* (artigo feminino plural) comunidades...

Expressão certa

[...] encaminhamento de instrutores às comunidades...

As falhas de acentuação referentes à crase são frequentes e graves, pois podem prejudicar a clareza do texto de um slide. Nunca será demais lembrar algumas regras sobre a crase, a preposição *a* e a forma verbal *há* (do verbo haver).

A crase, como vimos, é a fusão de dois sons idênticos:

Vou a (preposição) + a (artigo feminino) Bahia = Vou à Bahia.

Para detectar a existência do artigo feminino *a* (que deverá fundir-se à preposição *a*) basta construir uma frase com um verbo que indique ação contrária à da frase original:

Enviei a carta à secretária. / Recebi a carta da secretária.
Encaminhei o relatório a V. Sª. / Recebi o relatório de V. Sª.
Fui à Bahia. / Vim da Bahia.

Pode ocorrer crase da preposição *a* + pronomes *a, aquele, aquela, aqueles, aquelas = à, àquele, àquela, àqueles, àquelas*.

Ocorre acento grave em expressões adverbiais de tempo, de modo, como: *à noite, à tarde, às claras, à vontade*, um gol *à Pelé* etc.

Não há acento grave nas expressões *vendas a prazo, compras a vista, educação a distância* etc.

Há e a preposição *a*:

Tempo passado
Há anos que não o vejo.
Há anos que ele não vem ao Brasil.
Tempo futuro ou distância
Daqui *a* cem anos…
A cem metros da esquina…

Vamos a outros erros ortográficos:

- **Frase errada**
Porque o INOVAR

Explicação do erro
Como se trata de uma pergunta, deve-se usar *por que* (separado) e concluir a frase com um ponto de interrogação.

Frase correta
Por que o INOVAR?

- **Grafia errada**
sócio-economico

Grafia correta
socioeconômico

- **Grafia errada**
responsablidade

Grafia correta
responsabilidade

- **Grafia errada**
priritárias

Grafia correta
prioritárias

- **Grafia errada**
brain-storming

Grafia correta
brainstorming (em itálico e sem hífen).

Correção gramatical, português culto e português popular

Não é preciso insistir mais na importância da correção gramatical. É evidente que o respeito às regras e às normas gramaticais só pode contribuir para a qualidade da apresentação e, consequentemente, para a credibilidade e a boa imagem do apresentador e da instituição da qual ele é porta-voz.

É fundamental lembrar, entretanto, que esses cuidados com a gramática se aplicam mais especificamente ao português culto que utilizamos quando falamos em público, perante uma plateia que espera uma apresentação competente. Em outros contextos, porém, é possível o uso de uma linguagem popular que não siga as regras da gramática culta; por exemplo, a arte popular em que um poeta ou compositor, para ser autêntico, cria suas composições empregando a fala popular. É o caso do compositor paulista Adoniran Barbosa (1910-1982). Vejamos a letra de seu "Samba do Arnesto".

> O Arnesto nus convidô
> prum samba, ele mora no Brás
> Nóis fumo e num incontremo ninguém
> Nóis vortemo cuma baita duma réiva
> Da outra veiz nóis num vai mais
> Nóis num semo tatu!

Imagine o leitor se um purista da língua portuguesa exigisse a correção desse saboroso poema popular... A letra ficaria assim:

> O Ernesto nos convidou
> para um samba, ele mora no Brás.
> Nós fomos e não encontramos ninguém,
> Nós voltamos com uma raiva enorme.
> Na próxima vez, nós não vamos mais,
> Nós não somos idiotas!

Bem, a canção perdeu a graça e ficou ridícula diante da poesia de Adoniran. Então, caro leitor, é preciso usar o português culto em seu devido contexto.

Fica uma dúvida: o que devemos fazer para conhecer bem e aplicar as regras gramaticais? Vão aqui alguns conselhos.

1. Participar, periodicamente, de cursos de reciclagem e atualização gramatical.
2. Nunca aceitar falsos argumentos, como a explicação de Tácito para justificar os erros do slide:

> [...] Sabe, as regras de português mudam sempre...

Essa afirmação não tem fundamento: as regras do português não mudam sempre! Ao contrário, a gramática é um corpo estável de regras, normas e recomendações. Quando há alguma mudança, esta é devidamente divulgada e não representa nenhuma alteração profunda na estrutura do idioma.

1. Ler, ler e ler sempre! O exercício da leitura ajuda muito a fixar palavras, frases e exemplos de boa fala e boa redação.

2. Ter sempre ao alcance obras de consulta – ao menos um dicionário e uma gramática. Na parte final deste livro são recomendadas algumas obras cuja consulta é de grande valia.

Mas... será que os conhecimentos gramaticais serão suficientes para a aquisição de um estilo competente? Sabemos, pela desventura de Tácito, que também é necessário que os ouvintes entendam a mensagem. E, para o entendimento, o comunicador tem de cuidar da clareza, a qualidade de que trataremos a seguir.

QUALIDADE 2: CLAREZA

Já mostramos como a problemática apresentação de Tácito se complicou mais ainda com a incômoda intervenção do jornalista Péricles:

> **Péricles** – Não entendi! O senhor disse "bio..." o que mesmo?

Esse pode ter sido o grande estrago causado pela falta de clareza de Tácito, pois não entender a expressão "biomapa comunitário" significou, em última análise, não compreender o conceito básico do projeto da Pakot. Apesar dos esforços de Tácito – pressionado com veemência por Ly – para esclarecer a ideia do biomapa, o clima do encontro tornou-se pouco amistoso para persuadir os clientes. A falta de clareza atingiu, por assim dizer, o "coração" do INOVAR. Além da correção gramatical, o que todos esperam de um comunicador é clareza, uma vez que, se os ouvintes não entenderem a mensagem, não terá sido preenchida a função primeira da comunicação: comunicar é tornar nossas ideias *comuns* aos destinatários. Sempre é oportuno lembrar que comunicação e comunicar provêm da palavra "comum".[2]

Mas o que é, afinal, ser claro? Em que consiste a clareza?

A resposta é, aparentemente, simples: o comunicador foi claro quando todos os ouvintes entenderam a mensagem. Falar "bonito" vale muito pouco, ou nada, se o ouvinte não entendeu o que foi dito. Foi o que aconteceu, por exemplo, em "Entender ou venerar", história de Dinah Silveira de Queiroz, sempre arguta observadora das esquisitices humanas.

Como não conseguisse expulsar incômodos inquilinos seus, um funcionário público pediu ajuda ao diretor da repartição em que trabalhava. O diretor, entretanto, além de favorável à permanência dos inquilinos – por serem muito pobres –, amava a linguagem rebuscada, "chamando de chávenas às xícaras e botelhas, às garrafas". E, com esses preciosismos, ele explicou a seu funcionário por que era contrário à expulsão dos inquilinos:

> – Seria frustrar os anelos dos deserdados das opíparas cornucópias das graças plutocráticas!
> Quando acabou aquele discurso, o contínuo estava achatado, confuso, não era mais senhor dos próprios pensamentos:
> – Entendeu? – perguntou o Diretor, usando, afinal, língua de gente.
> O contínuo começou a suar. Então aquele homem superior, dando prova de confiança, fazia só para seus ouvidos tão bela arrumação de palavras difíceis e ele, em sua ignorância, não podia corresponder a tanta nobreza de alma? Ficou envergonhado. Mas...

não havia de ser nada... Prontamente respondeu, fazendo uma espécie de reverência, bem à altura de tamanha elegância. Deu um pulinho sobre o pé esquerdo, baixou a cabeça:

– Entender o que o senhor disse... não entendi, não, seu Doutor. Mas pode estar certo de que eu venero. Venero tudo que o senhor falou.[3]

Traduzindo em "língua de gente" a fala do diretor, teríamos:

"Seria frustrar" = Seria não atender
"os anelos" = os desejos
"dos deserdados" = daqueles que foram privados
"das opíparas cornucópias" = da abundante fartura
(opíparo = "farto", "cheio"; cornucópia = "vaso em forma de corno, cheio de alimentos, flores e frutas" = "fartura")
"das graças plutocráticas" = dos favores da riqueza
(plutocrático – do grego *ploutos*, "dinheiro", "riqueza" = refere-se a "fortuna" ou "riqueza").

Em outras palavras, o diretor quis dizer que, se concordasse com a expulsão dos inquilinos, que eram deserdados ou privados de dinheiro, estaria desatendendo os pobres. "Só isso?", poderia perguntar o assustado leitor. Sim, caro leitor, todo esse palavreado poderia resumir-se em: "Sou contra a expulsão, pois estaria desconsiderando os pobres"! Para esse "erudito" diretor, entretanto, uma frase tão simples assim não teria o mesmo efeito de grandeza. Então, em vez de expressar com clareza suas ideias, ele comunicou seu pensamento por meio de uma "bela arrumação de palavras difíceis", não para ser entendido, mas para ser venerado pelo funcionário.

Muitas vezes, confundimos falar "bonito" com falar bem, isto é, falar com clareza, esquecendo-nos de que, afinal, a grande virtude do comunicador é ser claro, a fim de ser entendido por todos.

E o que fazer para ser claro? Aqui vão algumas recomendações.

Procure conhecer bem o repertório do público-alvo

Uma palavra pode ser clara para um determinado repertório e totalmente obscura para outro. Assim, o termo "cornucópia" pode ser de fácil entendimento para um repertório culto, de alguém que conheça os símbolos da cultura greco-latina; para outro repertório, pode ser uma palavra indecifrável e confusa.[4] É útil citar o famoso exemplo do conto "Famigerado",[5] de Guimarães Rosa.

Com sua arte e graça, o escritor nos conta que, num tranquilo arraial, um médico foi surpreendido pela visita de um temido e assustador jagunço, Damázio, o qual, estranhando ter o próprio nome associado ao adjetivo "famigerado", foi consultar o "doutor", para saber o significado do termo:

> Eu vim preguntar a vosmecê uma opinião.
>
> [...]
>
> Vosmecê agora me faça a boa obra de querer me ensinar o que é mesmo que é: fasmisgerado... faz-megerado... falmisgeraldo... familhas-gerado?

A confusão toda se devia ao fato de que "famigerado" era uma palavra cujo significado não fazia parte do repertório do jagunço Damázio. Coube ao "doutor" esclarecer:

– Famigerado é "inóxio", é "célebre", "notório", "notável"...

O jagunço, todavia, continuou sem entender:

> – Vosmecê mal não veja em minha grossaria no não enten-
> der. Mas me diga: é desaforado? É caçoável? É de arrene-
> gar? Farsância? Nome de ofensa?

Outra grande lição pode ser extraída desse delicioso conto: a clareza depende, antes de tudo, do repertório do ouvinte. Percebemos que, até aqui, o "doutor" não foi claro, pois sua explicação não chegou ao repertório do jagunço. De nada adianta pensarmos apenas em nosso repertório: temos de pensar no repertório do outro, aquele que nos ouve ou que nos lê. Será que o ouvinte entendeu? Porque, se o ouvinte não entendeu, o ato comunicativo não se realizou plenamente. Por isso, Damázio nos dá uma grande aula de comunicação, ao pedir ao "doutor" que fale numa linguagem mais próxima do repertório de um jagunço:

> – Pois... e o que é que é, em fala de pobre, linguagem de em
> dia de semana?

O "doutor" aprende a lição ao aproximar-se do repertó-rio de Damázio. Aliás, o "doutor" vai mais longe, pois não só utiliza a "fala de pobre, linguagem de em dia de semana", mas, principalmente, acaba por colocar-se no lugar do ja-gunço, preenchendo, assim, uma das condições básicas da comunicação: a empatia. É o que se verifica na alegria de Damázio, ao compreender que também o "doutor" gostaria de ser... famigerado:

> [Doutor] – Famigerado? Bem. É "importante", que merece
> louvor, respeito...

[Jagunço] – Vosmecê agarante, pra a paz das mães, mão na Escritura?

[...][Doutor] – Olhe: eu, como o sr. me vê, com vantagens, hum, o que eu queria uma hora destas era ser famigerado – bem famigerado, o mais que pudesse!...

[Jagunço] – Ah, bem!... – soltou, exultante.

Se Damázio saiu exultante, foi porque o "doutor" conseguiu criar um efeito positivo, ao situar-se, com empatia, próximo ao repertório do jagunço. Guimarães Rosa nos oferece a fórmula para alcançar clareza na comunicação: é preciso conhecer e respeitar o repertório dos ouvintes.

Ter cuidado com o código, isto é, com a relação entre a palavra e seu significado

É preciso certificar-se de que o ouvinte partilha do mesmo código e entende exatamente a ideia que se pretende transmitir. Na frase "Envie o relatório o mais breve possível", a expressão "o mais breve possível" é típica de um código aberto e pode ser entendida com significados completamente diferentes, o que gera ambiguidade: "para hoje", "para amanhã cedinho", "até segunda-feira, sem falta" etc.

Estar atento a expressões que, aparentemente semelhantes, têm significados opostos

Essas expressões podem gerar ruídos, como ambiguidade, no entendimento da mensagem. Vejam mais um triste exemplo de Tácito:

Uma emergência em uma de nossas fábricas do interior... risco de um desastre ambiental! Isso vai, eeeeh, ao encontro da grande missão da Pakot que, como todos sabemos – não é? –, é "criar produtos de qualidade e preservar o ambiente", certo?

Em português, há duas expressões de significados opostos. Vamos conhecê-las.

Ir ao encontro de = concordar.
"Vou ao encontro de sua opinião" = Concordo com sua opinião.

Ir de encontro a = discordar, ir contra, contradizer.
"Esse acidente vai de encontro à política de segurança da empresa" = Esse acidente vai contra (contradiz) a política de segurança da empresa.

Ora, se a missão da Pakot é "preservar o ambiente", o fato de haver riscos de um desastre ambiental contradiz a missão da empresa. Tácito deveria ter dito: "Isso vai de encontro à grande missão da Pakot".

De nada vale, portanto, "falar bonito" sem ser entendido. Porém, a persuasão exige que o comunicador seja agradável. Por isso, é bom falar com elegância ou, ao menos, com fluência.

QUALIDADE 3: FLUÊNCIA

Dentre os ruídos que incomodaram bastante Ly, Cléver, os ouvintes e o próprio Tácito, merecem destaque os cacoetes e as repetições que emperravam o tempo inteiro a apresentação. O discurso de Tácito não "corria" com facilidade, era atravessado por vacilações e paradas, marcadas por "não é", "certo", "ok", "eeeeh", cacoetes que – como bem explicou Ly –, embora servissem de apoio ou muleta para a continuidade da exposição, contaminavam a fala de Tácito com uma desagradável sonoridade, causando um efeito negativo nos ouvintes.

Nesse atravancado discurso faltava fluência, uma qualidade indispensável para o orador competente. Consideramos fluente o discurso que "corre" ou "flui" harmoniosamente, por meio de um vocabulário rico e variado, sem travas, repetições e expressões redundantes.

Nota-se que a fluência não é o ponto forte de Tácito. Além dos inúmeros cacoetes, o apresentador incorre no vício da "gerundite", verdadeira epidemia que assola nossa comunicação cotidiana:

> [...] é uma grande honra poder *estar falando* aqui do nosso INOVAR...
>
> [...] eu dizia que o INOVAR vai *estar habilitando* as pessoas...

Não é difícil perceber que o gerúndio é inútil nas expressões "poder estar falando" e "vai estar habilitando". Além de nada acrescentar para a compreensão da mensagem, o gerúndio é redundante e reflete, talvez, um viés cultural nosso: o receio de ser demasiadamente assertivo e categórico. Há um equívoco nesse hábito, pois o gerúndio acaba por tornar a frase prolixa e "aberta", com um significado um pouco ambíguo.

Na verdade, Tácito vai falar ou não? E o INOVAR vai habilitar as pessoas ou não? Por outro lado, a repetição excessiva desse uso do gerúndio prejudica a fluência do apresentador. Por isso, recomendamos eliminar a "gerundite", a fim de conferir concisão, precisão e assertividade ao discurso. Tácito deveria dizer:

[...] é uma grande honra poder falar...

Ou, melhor ainda:

[...] é uma grande honra falar...
[...] eu dizia que o INOVAR vai habilitar...

As frases ficaram fluentes, concisas e objetivas. Infelizmente, a qualquer momento, nas relações cotidianas, lá vem o maldito gerúndio e podemos ouvir de um atendente: "Esse produto eu não vou ter agora, mas posso até estar telefonando amanhã para dizer se já recebi..."!

Temos aqui duas expressões redundantes e prolixas que poderiam ser muito bem substituídas por: "Esse produto não tenho agora, mas posso telefonar...".

A mensagem ficaria mais fluente e concisa. É evidente, portanto, que, numa apresentação pública, o ruído da "gerundite" deve ser evitado, a fim de que não se agrida a fluência do discurso.

Como alcançar a fluência, essa qualidade tão necessária para uma sonoridade agradável e harmoniosa do discurso?

Bem, a fluência é uma qualidade que construímos ao longo da vida, à custa de muitos exercícios e leituras. Seguem algumas sugestões.

1. Procurar enriquecer o repertório com livros, filmes, peças de teatro, televisão, rádio, jornais e revistas. Ler, ler, ler muito, de tudo um pouco: textos clássicos, romances, tratados, ensaios, crônicas, textos da mídia etc. Podemos ler não só Machado de Assis, mas uma crônica também, como este texto primoroso do jornalista Armando Nogueira:[6]

O ofício de escrever

Uma estudante de jornalismo me pergunta se gosto de escrever. Sinceramente, gosto e não gosto. Quando tenho o que contar, o ato é sofrido, mas dá um certo prazer. Quando não tenho nada a dizer, padeço. O trato diário com a palavra escrita – pelo menos, pra mim – é um jogo um tanto ou quanto penoso. Começa, que não escrevo; eu reescrevo. Seja uma crônica, seja um bilhete, jamais adotei a primeira versão. É a tortura da forma que dilacera e fascina. A palavra escrita é uma fonte de idiossincrasias. Não tolera intimidades. Adora reverências. A tal palavra exata, então – essa é de doer. "Le mot juste" é uma espécie de Greta Garbo. Quanto mais você a procura, mais ela se esconde.

Criatura cheia de dedos, a palavra escrita. Quando não quer te ajudar, ela some dos dicionários. Transfigura-se. Certa vez, encontrei, por acaso, numa página de Machado de Assis, uma certa palavra. Era, justamente, a palavra que eu procurava havia meses. Pois a tal palavra, que, na frase do mestre, reluzia como um brilhante, na minha, perdeu a graça, perdeu toda a sonoridade, perdeu o viço – simplesmente, definhou. De pura má vontade.

Não me pergunte de quem se trata, caro leitor. Tenho medo que me pelo de cair em desgraça no reino das palavras. Não esqueça que eu vivo delas.

Pra não deixar a estudante sem uma resposta concreta, direi, em poucas palavras: gosto de escrever, sim. Porém, melhor que escrever é ter escrito...

Repare o leitor na fluência, na elegância e na humildade com que Armando Nogueira trata do ofício de escrever. O que ele diz vale também, é claro, para o ofício de falar em público. Quando vamos fazer um discurso ou uma apresentação, procuramos a palavra exata, *le mot juste* ("a palavra justa"), aquela que ficava tão bem no texto de Machado de Assis, mas, em nosso texto, como diz Armando Nogueira, "perdeu a graça, o viço".

Trata-se de um texto rico de palavras que podem ser incorporadas ao nosso repertório: padecer, dilacerar, fascinar, idiossincrasia, reluzir, viço, definhar etc. Vejam os leitores quanta riqueza podemos extrair de uma crônica!

2. Durante a leitura, habituar-se a consultar o dicionário, não só para entender o significado de palavras desconhecidas como também para colecionar sinônimos que podem contribuir para evitar a repetição dos mesmos termos, aumentando a variedade e a fluência do estilo. Assim, o *Dicionário de sinônimos e antônimos*, de Francisco Fernandes,[7] oferece-nos seis sinônimos para o termo *viço*, usado por Armando Nogueira: viveza, frescor, verdor, exuberância, vida, força. Com essa pesquisa sistemática nos dicionários, vamos ampliando nosso repertório e adquirindo mais fluência.

3. O ideal é ler os textos em voz alta. Também é excelente gravar ou filmar essa leitura. Revendo o vídeo e ouvindo a fala, percebemos deslizes, tropeções, repetições e cacoetes. Trata-se de um excelente treinamento para aprender a pronunciar correta e fluentemente as palavras mais complexas. Assim, os leitores podem exercitar-se na pronúncia de expressões como "planejamento estratégico e organizacional da estrutura comunitária". Por falta de treinamento, muita gente se atrapalha na pronúncia de palavras e expressões "difíceis e compridas", o que prejudica a fluência.

4. Praticar exercícios de transformação de palavras em frases, e vice-versa, é um bom método para aperfeiçoar a fluência e enriquecer o repertório com alternativas para expressar o mesmo conteúdo – isto é, comunicar as mesmas ideias com expressões "sinônimas" ou equivalentes. Podemos, por exemplo, dizer: *Notei que seus méritos foram realçados* ou *Notei o realce de seus méritos*. Neste último caso, a oração *que seus méritos foram realçados* foi substituída pelo substantivo *realce*. Para que os leitores tenham uma ideia da utilidade desse método para melhorar a fluência, apresentamos, a seguir, alguns modelos de transformação.

Exercícios para fluência e enriquecimento do vocabulário

EXERCÍCIOS DE TRANSFORMAÇÃO DE UMA ORAÇÃO EM UM SUBSTANTIVO

Detesto que as notícias sejam distorcidas.
Detesto a distorção das notícias.

Lamentou que Rivaldo se intrometesse.
Lamentou a intromissão de Rivaldo.

Esperava que o curso prosseguisse.
Esperava o prosseguimento do curso.

Percebeu que o funcionário se inibia.
Percebeu a inibição do funcionário.

Solicitou que o parecer fosse inserido no relatório.
Solicitou a inserção do parecer no relatório.

Desejava que a diretoria aquiescesse.
Desejava a aquiescência da diretoria.

EXERCÍCIOS DE TRANSFORMAÇÃO DE UM SUBSTANTIVO EM UMA ORAÇÃO

Estranhei a repressão da greve.
Estranhei que a greve fosse reprimida.

Sugeria a intervenção das autoridades.
Sugeria que as autoridades interviessem.

Esperava a convergência das opiniões.
Esperava que as opiniões convergissem.

Temia a decomposição dos produtos.
Temia que os produtos se decompusessem.

Lamentou o extravio dos documentos.
Lamentou que os documentos se extraviassem.

EXERCÍCIOS DE TRANSFORMAÇÃO DE UMA ORAÇÃO EM ADJETIVO

Temperamento que não se pode dobrar.
Temperamento inflexível.

Sentimento que não se pode dizer.
Sentimento inefável.

Tinta que não se pode apagar.
Tinta indelével.

Força com que não se pode lutar.
Força inelutável ou *inexpugnável.*

Grandeza que não pode ser medida.
Grandeza incomensurável.

Plano que não pode ser executado.
Plano inexequível.

EXERCÍCIOS DE TRANSFORMAÇÃO DE DUAS ORAÇÕES COORDENADAS EM UM PERÍODO COMPOSTO DE ORAÇÃO PRINCIPAL E ORAÇÃO SUBORDINADA INTRODUZIDA POR PRONOME RELATIVO

O funcionário está presente. Referi-me a ele na segunda-feira.
O funcionário a quem me referi na segunda-feira está presente.

Invoquei os argumentos. Estou convicto deles.
Invoquei os argumentos dos quais (de que) estou convicto.

O problema está resolvido. Falei dele ontem.
O problema, do qual (de que) falei ontem, está resolvido.

O cargo é promissor. Aspiro a ele.
O cargo, ao qual (a que) aspiro, é promissor.

EXERCÍCIOS DE TRANSFORMAÇÃO DE EXPRESSÕES EM ADVÉRBIOS

Agir com a inexperiência de um principiante.
Agir bisonhamente.

Comunicar-se com palavras enigmáticas e difíceis de compreender.
Comunicar-se sibilinamente.

Exprimir-se com excesso de palavras.
Exprimir-se prolixamente.

Concordar sem dizer palavra alguma.
Concordar tacitamente.

Decidir sem se render a rogos.
Decidir inexoravelmente.

Em conclusão, é sempre bom observar que a fluência pode ser alcançada com planejamento, ensaio, treinamento de leitura, pesquisa em dicionários e exercícios de transformação.

Já sabemos, então, que, para falar em público com um bom estilo, devemos cuidar da correção gramatical, da clareza e da fluência. Ocorre, entretanto, que às vezes somos levados, pela empolgação, a nos estender muito em um tópico, o que nos deixa pouco tempo para falar de questões importantes. É preciso que o comunicador saiba transmitir suas ideias de maneira sintética, sem ultrapassar o tempo da apresentação. Aí está outra qualidade do estilo: a concisão.

QUALIDADE 4: CONCISÃO

Já vimos como, por falta de planejamento e de ensaio, Tácito estendeu-se muito em comentários sobre tópicos sem relevância para o objetivo da apresentação – falha que lhe tirou precioso tempo para aprofundar-se nas questões mais pertinentes do projeto. Tal falha é a prolixidade, que consiste em falar demasiadamente, além da conta, sobre aspectos supérfluos ou pouco relevantes, acarretando perda de tempo, impaciência e cansaço nos ouvintes. Vamos destacar os momentos em que essa prolixidade distorce o foco da apresentação.

1. A longa explicação a respeito da ausência do vice-presidente é redundante e prolixa, uma vez que, como o próprio Tácito declara, Ly já fizera tal comentário:

Na verdade, como bem explicou a Ly, quem deveria vos falar agora seria o nosso vice-presidente, que, infelizmente, não é, por motivo de força maior, não é, não pôde comparecer ao lançamento do INOVAR, certo? E gostaria de comunicá-los de que esta ausência se deve a um motivo realmente de força maior. Uma emergência em uma de nossas fábricas do interior... risco de um desastre ambiental! Isso vai, eeeeh, ao encontro da grande missão da Pakot que, como todos sabemos – não é? –, é "criar produtos de qualidade e preservar o ambiente", certo? Mas, felizmente, o problema do vazamento foi resolvido, certo?, porque, de fato, havia um vazamento de ácido de alta periculosidade, o que poderia trazer sérios danos à região. Felizmente, o vazamento foi estancado a tempo e, assim, conseguimos cumprir nossa missão, não é?, que é, como todos sabem, "produzir qualidade e preservar o ambiente", certo? O vazamento foi estancado a tempo porque nosso programa de qualidade criou um plano para gerir situações de emergência e, sempre que houverem problemas de vazamento, estaremos devidamente preparados. Aliás... eeeeh... fazem meses que não temos acidentes... nosso diretor pediu... tá certo?... pediu para mim fazer um relatório da evolução da qualidade dos produtos da Pakot e... eeeh...

O leitor deve ter percebido como Tácito se perde em pormenores supérfluos e irrelevantes, "esticando", de modo enfadonho, seus comentários.

O caso da cidade natal, completamente fora do foco, causa aflição em Ly, que se empenha em assinalar a perda de tempo.

O caso aconteceu no Parque Municipal, que tinha a fama de mal-assombrado, por causa de um crime que houve por lá. Ou um suicídio, ninguém ficou sabendo direito o que de fato aconteceu. O parque ficava perto da Praça do Vaivém, sabem, a praça onde, domingo à noite, o pessoal ia namorar. Então...

Sentada na primeira fileira da plateia, Ly, muito aflita, discretamente mostra o relógio em seu pulso e faz um gesto para Tácito ir mais rápido.

O desvio para o longo comentário sobre o salto qualitativo da Pakot também vai levar Tácito a um desvio do objetivo da exposição:

> Aliás, por falar em qualidade, eu gostaria de anunciar a todos aqui presentes que, graças ao nosso programa de controle de qualidade de produtos e serviços, a Pakot deu, de 2014 para 2015, um grande salto quantitativo e qualitativo nas vendas.

O apresentador se "enrola" todo no provérbio do presidente, a tal ponto que Ly se desespera com a repetição e a prolixidade de Tácito, que, diante do escoar do tempo, comete o antigancho de "pular slides":

Bem, parece que o meu tempo está terminando, eeeeh, então vou pular esses slides... não é? Eu gostaria de dizer, pelo menos, que a vantagem do INOVAR é que os alunos não precisarão ganhar o peixe, pois, como sempre diz nosso presidente, basta que eles aprendam a pescar. Eeeeh, aprendendo a pescar, eles se tornam autônomos...

Ly, impaciente, enche as bochechas, suspira fundo, faz um sinal para Tácito correr e pensa: "Acaba logo com essa pescaria!".

Faltou a Tácito a qualidade oposta à prolixidade, a saber, a concisão, que consiste em comunicar as ideias essenciais de modo sintético, dentro do tempo proposto, sem desvios de foco. Por outro lado, ele deveria ter utilizado também slides concisos, visuais e "enxutos". Ao contrário, os que foram apresentados eram prolixos, sobrecarregados e de difícil apreensão visual.

É o caso do slide sobre vendas:

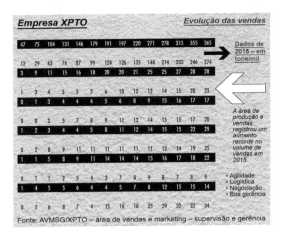

Ele poderia ter sido substituído por um slide conciso, visual e "enxuto", como:

Assim também o slide do INOVAR, em vez de redundante e prolixo, poderia ser bem conciso, contendo apenas quatro itens (e não onze!), o que produziria dois efeitos positivos: a) o slide, "enxuto" e conciso, seria de fácil apreensão visual; b) os quatro itens seriam enriquecidos e animados pelos comentários de Tácito. Eis como o slide ficaria "leve":

Pakot Equipamentos e Embalagens S.A.
Programa INOVAR

Plano de apresentação

1 Por que o INOVAR?
2 Inclusão social e diversidade
3 Planejamento e ações prioritárias
4 Recursos humanos e materiais

Essa é, pois, outra qualidade que o público-alvo espera de um comunicador: a concisão. A apresentação torna-se, assim, fluente, agradável, sintética e objetiva, mantendo o ouvinte no foco das ideias relevantes.

A concisão é fundamental para a comunicação nas instituições. Por falta de concisão, os ouvintes não conseguem detectar a mensagem que lhes é mais relevante. É o caso de um comunicado prolixo, encaminhado aos funcionários pelo departamento jurídico de uma organização:

> Às áreas de Pessoal:
>
> Este Departamento se pronunciou em diversas oportunidades no sentido de que sobre o aviso prévio indenizado, ou seja, não trabalhado, incide a contribuição previdenciária. Tais manifestações se embasavam na Jurisprudência de então (decisão de juízes e Tribunais) e em Pareceres, Portarias e Orientações de Serviço da própria Previdência Social.
>
> Recentemente, o Tribunal Federal de Recursos, órgão judicial de 2ª Instância, a quem compete julgar em última instância as ações em que a Previdência Social for parte, exceto quando se trate de matéria constitucional, consagrando jurisprudência predominante em seu âmbito, resolveu baixar a Súmula de nº 79, que diz, textualmente:
>
> "Não incide a contribuição previdenciária sobre a quantia paga a título de indenização de aviso prévio."
>
> A supracitada Súmula do TFR contraria Pareceres, Portarias e Orientações de Serviço da Previdência Social, porém, reuniformiza-se com a legislação do Imposto de Renda e do FGTS.

Embora ofenda a política arrecadadora da Previdência Social, acreditamos que a mesma irá se pronunciar, equacionando-se à Súmula 79 do TFR.

Em consequência do exposto acima informamos a V. S.ª que, a partir da presente data, a PERNEX S.A. não deve mais descontar do colaborador e recolher, juntamente com a sua, a contribuição previdenciária que até então incidia sobre o aviso prévio indenizado.

Assim sendo, fica automaticamente, sem efeito a nossa DJT - S - 024 / 79, de 30. 07. 1994, específica sobre o assunto aqui tratado, bem como toda e qualquer manifestação deste Departamento colidente com o conteúdo da presente nota.

Atenciosamente,

Departamento Jurídico-Trabalhista

Além da "difícil" linguagem jurídica e de alguns errinhos gramaticais, o grave defeito da mensagem é a prolixidade. O autor se perde em extensos comentários, impedindo o leitor de captar a informação que realmente lhe interessa:

> [...] informamos a V. S.ª que, a partir da presente data, a PERNEX S.A. não deve mais descontar do colaborador e recolher, juntamente com a sua, a contribuição previdenciária que até então incidia sobre o aviso prévio indenizado.

Por falta de concisão, os funcionários ficaram sem saber exatamente o que aconteceria com a contribuição previdenciária.

Para alcançar a tão almejada concisão em uma apresentação, devemos:

- planejar uma ficha mental bem "costurada", cuidando da pertinência e da relevância das informações;
- ensaiar, ensaiar e ensaiar, verificando sempre se a exposição é coerente com a administração do tempo;
- nunca perder o foco.

OUTRO AVISO IMPORTANTE!

Se é sempre recomendável evitar a prolixidade, uma vez que a concisão é qualidade indispensável para uma boa apresentação, também devemos fugir do laconismo, que, contrariamente à prolixidade, é um defeito de estilo que consiste em falar pouco ou falar nada. O indivíduo lacônico deixa de fornecer informações importantes que poderiam mudar a percepção e a opinião dos ouvintes. É preciso, portanto, evitar os extremos – prolixidade ou laconismo – e buscar a concisão.

Mas o documento sobre a contribuição previdenciária nos fez pensar em outra qualidade do estilo. O comunicado é pouco claro, pois a linguagem utilizada é muito especializada e, por isso, quase incompreensível para o leitor leigo. Temos de cuidar também da adequação do nível linguístico ao repertório do público-alvo.

QUALIDADE 5: ADEQUAÇÃO DO NÍVEL OU REGISTRO LINGUÍSTICO

A língua portuguesa – como qualquer língua no mundo – é um aglomerado de várias linguagens, níveis ou, mais exatamente, registros linguísticos, determinados por vários fatores.

- Fator geográfico: registro regional, registro urbano
- Fator histórico: registro das diferentes faixas etárias (linguagem da juventude, por exemplo)
- Fator social: registro popular, gíria
- Fator profissional: registro dos médicos, advogados, os jargões profissionais, entre outros

Ao empregar certo registro ou linguagem, devemos saber, antes de tudo, qual é o contexto ou cenário da comunicação, o repertório do público-alvo e os objetivos que pretendemos alcançar.

Assim, podemos dizer que Tácito (mais uma vez o pobre Tácito!) cometeu um grave erro ao utilizar linguagem chula num cenário público. Assim também um administrador público foi inconveniente quando, ao ser indagado por um jornalista sobre o atraso na realização de seu plano de obras, respondeu: "Não esquenta, meu amigo, que logo, logo, eu vou botar pra quebrar, vou arrebentar a boca do balão!".

O leitor pode imaginar que não é adequado para um administrador público usar expressões de gíria (como "botar pra quebrar"), sobretudo ao falar de obras públicas. A imagem e a credibilidade de uma autoridade pública dependem de um registro mais adequado, isto é, formal, urbano e culto.

No caso de Adoniran Barbosa, temos o registro popular, coerente com a canção elaborada por ele. Mas é evidente que, numa apresentação pública, marcada pela formalidade, não poderemos dizer "nóis fumo e num incontremo ninguém". O que determina a escolha do registro é, sem dúvida, o repertório do público-alvo. Por isso, o comunicado sobre a contribuição previdenciária, elaborado numa linguagem especializada, típica do repertório jurídico, não foi adequado, pois o público-alvo não estava em condições de entender aquele palavrório.

Não existe, portanto, um registro preferencial: todos eles dependem do repertório dos ouvintes ou leitores. Cabe ao comunicador desenvolver uma percepção crítica do contexto e do público, a fim de escolher o registro mais adequado.

Pois bem, caro leitor, já temos quatro pontos de honra da comunicação. Podemos afirmar que, se praticarmos com competência esses pontos, teremos plenas condições de chegar ao coroamento do processo comunicativo: o domínio do cliente/ouvinte e do cenário da apresentação. Vamos, pois, ao quinto ponto de honra.

NOTAS

[1] Olavo Bilac, "Língua portuguesa", *Poesia,* Rio de Janeiro, Agir, 1976, p. 86.

[2] Izidoro Blikstein, *Técnicas de comunicação escrita,* São Paulo, Contexto, 2016, p. 31.

[3] Dinah Silveira de Queiroz, Entender ou venerar, *Quadrante,* Rio de Janeiro, Editora do Autor, 1962, pp. 195-96.

[4] Blikstein, op. cit., pp. 61-69.

[5] João Guimarães Rosa, *Primeiras estórias,* Rio de Janeiro, José Olympio, 1967, pp. 8-13.

[6] Armando Nogueira, O ofício de escrever, *O Estado de S. Paulo,* 18/9/1996.

[7] Francisco Fernandes, *Dicionário de sinônimos e antônimos,* São Paulo, Globo, 2001.

7.

Quinto ponto de honra da comunicação: domínio do cliente/ouvinte e do cenário

Cativar o ouvinte e manter absoluto domínio da situação é o sonho de todo apresentador. Um sonho perfeitamente realizável, diga-se, com um bom treinamento. Sem isso, a insegurança predomina e pode levar a complicações sérias, como aconteceu com Tácito. Como bem observou Ly, ele perdeu o controle da situação.

> É evidente que todos esses problemas o levaram, Tácito, à má administração do tempo e a uma falta de domínio da plateia: você notou que alguns conversavam, liam jornal ou "cabeceavam" de sono?

A falta de domínio sobre os ouvintes é especialmente grave, pois leva à desmotivação, à quebra da atenção e... ao sono. Por isso, o público experimenta uma grande decepção ao perceber que o apresentador, por não conseguir dominar a plateia e o cenário, vai perdendo, pouco a pouco, não só o rumo, mas principalmente a segurança e a credibilidade. Por outro lado, o coroamento de uma apresentação, palestra ou aula realiza-se quando o comunicador alcança o pleno domínio dos ouvintes e do cenário.

É fundamental observar que esse domínio não se adquire por "milagre", mas resulta, antes, da soma dos quatro pontos de honra que já vimos. Com a prática eficaz desses pontos, o comunicador, com planejamento e ensaio, tem condições de envolver e persuadir a plateia, manter o foco e a sequência ou a "costura" das ideias, despertar e motivar a atenção, observar as reações dos ouvintes, interagir com empatia, administrar o tempo da apresentação e perceber tudo o que acontece no cenário.

Se Tácito falhou em planejamento, persuasão, fala, expressão corporal, recursos audiovisuais e estilo, não se poderia esperar que conseguisse dominar o público-alvo e o cenário. Na verdade, essas falhas decorrem de uma causa primeira, a *falta de percepção*, que pode ser detectada nas críticas de Ly e na autocrítica de Tácito:

> **Ly** – Você deve ter percebido que a história do churrasco e o caso da sua cidade natal não tinham relevância alguma para os ouvintes.
> **Tácito** – [...] anotei nas mãos, no verso do texto e ia encaixando os lembretes, sem ter muita percepção da falta de sequência.

Como o leitor deve ter notado, percepção é exatamente o requisito que, embora imprescindível para permitir o domínio do público, faltou a Tácito nos momentos decisivos. Para atingir plenamente o quinto ponto de honra, o comunicador terá de evitar, portanto, a falha primeira e básica de Tácito – *falta de percepção* – e investir em quatro grandes competências. Vejamos quais são elas.

COMPETÊNCIA 1: AUTOPERCEPÇÃO

Para exercer o domínio e o controle do público e do cenário, é preciso, em primeiro lugar, desenvolver um constante exercício de *autopercepção*. Devemos estar sempre conscientes de nós mesmos e buscar, cada vez mais, conhecer nosso comportamento, nossa maneira de comunicar (fala e expressão corporal) e de nos relacionar com os outros.

Não há novidade aqui, pois, no século IV a.C., o filósofo Sócrates já ensinava o caminho da sabedoria: "Conhece-te a ti mesmo".[1]

Quanto maior o autoconhecimento, tanto maiores serão a segurança e o domínio do comunicador. Sem o exercício da autopercepção, não temos condições de observar e evitar as próprias falhas. Explicam-se, então, os vários tropeções de Tácito, ao não perceber:

- o uso inoportuno do celular, momentos antes do início da apresentação;
- a linguagem agressiva e chula no relacionamento com a esposa e com o técnico de audiovisual;
- a falta de empatia na comunicação com o técnico e com o jornalista Péricles;
- o uso de um estereótipo preconceituoso ("baianada");
- o andar trôpego e a expressão tensa e crispada ao entrar no salão e subir ao palco;
- a falta de "costura", os cacoetes e os erros gramaticais;
- o mau uso dos recursos audiovisuais, como slides mal diagramados, ilegíveis e incorretos, mãos e dedos na tela, de costas para a plateia ou na frente da luz do projetor;
- a falta de empatia para com o público e com o técnico, ao usar linguagem autoritária e bater palmas agressivamente;
- a falta de transparência e de ética ao não reconhecer o próprio erro e culpar uma secretária ausente pelas falhas gramaticais;
- o vestuário descomposto (zíper aberto);
- os gestos inconvenientes.

É evidente que, com a prática da autopercepção, podemos evitar todos esses efeitos negativos, que agrediram os ouvintes.

Vale uma pergunta: como desenvolver a autopercepção? Só vamos adquirir essa competência, bem como a do autoconhecimento, quando nos habituarmos com o método de, depois de uma apresentação *filmada*:

- fazer nossa autoavaliação;
- receber a avaliação de um observador especializado, que apontará nossas qualidades e erros.

É evidente que examinar o vídeo de nosso desempenho permite uma avaliação mais eficaz, minuciosa e profunda do que a observação "ao vivo", em que não é possível captar todos os pormenores do complexo ato comunicativo. Esse método de avaliação, baseado no desempenho filmado, tem sido utilizado, com excelentes resultados, nos treinamentos em técnicas de comunicação para falar em público.

Daí, a corajosa autocrítica de Tácito:

> Ah, sim, me lembrei! Vendo o vídeo, quero dizer que não gostei nem da minha fala nem das minhas posições e gestos. Expressões importantes como "biomapa comunitário" foram pronunciadas com voz baixa e dicção ruim. E foi horrível a minha posição: de costas para a plateia, na frente da luz do projetor, sombras na tela... horrível! Pior ainda o zíper aberto, o gesto obsceno... Percebo que tenho de praticar muito a fala e a expressão corporal.

Justifica-se, assim, o convite de Ly:

> [...] Vamos fazer um curso de técnicas de comunicação para apresentações?

Essa é também nossa recomendação a todos aqueles que quiserem aperfeiçoar as técnicas de comunicação para falar em público. Cabe acrescentar que há treinamentos avançados, cujo objetivo é preparar administradores, políticos, candidatos, empresários, executivos, líderes, professores, conferencistas e homens públicos para se comunicarem com a mídia (TV, rádio, jornais), tornando-se, assim, porta-vozes da instituição que representam. Trata-se do chamado *media training* (treinamento para a mídia), que consiste numa simulação em que o participante, ao enfrentar perguntas e atitudes de uma plateia premeditadamente "hostil", vai adquirindo técnicas e habilidades para lidar com situações problemáticas. Por aí vemos, mais uma vez, que a competência comunicativa não surge "por milagre" ou passe de mágica, mas é conquistada à custa de prática, treinamento, crítica e autocrítica.

COMPETÊNCIA 2: PERCEPÇÃO DO CLIENTE/OUVINTE E DO CENÁRIO

É óbvio que, ao falar em público, todo comunicador tem diante de si uma plateia de clientes/ouvintes, situados num determinado cenário. Nem sempre é tão óbvio, entretanto, o fato de que, para transmitir eficazmente a mensagem e persuadir os clientes, o comunicador tem de empenhar-se em perceber, de modo aguçado e minucioso, as reações do público e tudo o que acontece no cenário. É claro que esse esforço de percepção fica muito prejudicado – nunca é demais insistir – pela falta de planejamento e de ensaio. São frequentes os casos em que palestrantes, apresentadores e até professores não consideram a importância de observar as reações da plateia e a situação do cenário: falam o tempo inteiro, sem contato visual, sem ganchos, num clima de monotonia e desmotivação. Basta observar os tristes exemplos de Tácito.

1. Falta de percepção e de administração do tempo, causada pelo mau planejamento:

Ly – Por outro lado, você investiu muito tempo nessas informações pouco relevantes e na leitura do segundo slide, o que prejudicou a administração do tempo.

A má administração do tempo desperta ansiedade e irritação na plateia, pois, por mau planejamento e falta de ensaio, o comunicador deixa-se levar pela prolixidade, indo muito além da hora fixada para o término. É preciso ensaiar a apresentação, como já foi tantas vezes assinalado, uma vez que, no ensaio, podemos perceber como o tempo foi utilizado e se fomos concisos ou prolixos.

2. Falta de percepção das reações dos ouvintes:

Tácito (em voz alta, chamando a atenção de todos) – Isso vai me complicar a vida, pô! Você me aprontou uma "baianada": sem o púlpito, eu vou ter de ficar segurando os papéis na mão!

Enquanto Tácito grita ao celular, usando linguagem chula, pessoas da plateia entreolham-se, espantadas. Ly, no palco, de cabeça baixa, está constrangida.

A plateia mostra cansaço. Alguns conversam, outros leem jornal.

Descontrolado, Tácito não consegue retomar a sequência das ideias:

Tácito – Entenderam? Eu disse "biomapa comunitário", certo? OK, gente? Eeeeh... tudo bem, então? OK, vamos continuar, vamos lá, pessoal!

Percebendo o mal-estar e o clima pesado, Ly faz um sinal para estimular Tácito a continuar a apresentação.

3. Falta de percepção das "turbulências" do cenário.

Se houvesse tempo, Tácito poderia ter feito um ensaio, observando bem o ambiente, verificando a posição do mobiliário, dos equipamentos e do espaço do apresentador. Faltou, portanto, *interação* com o cenário, na medida em que Tácito deveria ter procurado o posicionamento que lhe fosse mais confortável. Como não houve essa interação, ele sofreu as duras consequências da falta de planejamento e de ensaio:

> Em meio a aplausos da plateia, Tácito sobe, pelo lado direito do palco, em direção ao púlpito. Entre tenso e atordoado, mãos crispadas segurando o texto, ele percebe que se enganara ao notar os gestos do aflito técnico de som, apontando-lhe com o dedo o microfone de pedestal. Bem próximo do púlpito, muda rapidamente o trajeto e dirige-se para o outro lado do palco, mas acaba tropeçando nos fios espalhados pelo chão e quase leva um tombo.
>
> Murmúrios e risos abafados da plateia. Tácito se coloca, finalmente, diante do microfone de pedestal, retém algumas páginas na mão, deposita o restante do texto sobre a mesinha, olha para a plateia, consulta com esforço anotações escritas nas mãos, respira fundo e começa.

COMPETÊNCIA 3: INTERAÇÃO COM O CLIENTE/OUVINTE E COM O CENÁRIO

Esta é outra competência que faltou a Tácito, pois, se ele tivesse interagido de forma amigável com seus interlocutores (a esposa, o técnico e o jornalista), teria agregado valor à apresentação, em vez de criar um clima pouco amistoso. O apresentador poderia ter utilizado o nome do técnico, criando uma relação de empatia, como bem lembrou Ly:

[...] Gostaria de lhe perguntar: como se chama o técnico de audiovisual?

Tácito – Não sei, mas deveria saber. Ele me ajudou muito...

Ly – Pois é. Nós o chamamos por "Beto". Você nunca o tratou pelo nome. Sempre ordenava agressivamente a mudança de slides. Se você o tratasse pelo nome, num tom amigável, seria simpático para o Beto e para a plateia.

Tácito deveria ter explorado, também, a intervenção de Péricles, utilizando técnicas de interação com o cliente/ouvinte, como:

- usar do nome do cliente;
- mencionar o nome da instituição a que ele pertence;
- "socializar" e valorizar a pergunta.

A boa resposta poderia ser:

Tácito – Todos ouviram a pergunta de Péricles, nosso jornalista do caderno Educação, do *Jornal do Bairro*? Péricles informou que não ouviu claramente o que eu disse e quer saber o que é "biomapa comunitário". Bem, antes de tudo, você tem razão, caro Péricles, e desculpe-me pela má pronúncia. Sua pergunta é de uma total pertinência, pois me permitirá explicar o conceito de "biomapa comunitário", fundamental para nosso projeto. Obrigado, Péricles...

O leitor deve ter percebido que essa interação traria um resultado benéfico para a apresentação. Aí está a importância do treinamento em comunicação ou *media training*: aprender a lidar com perguntas ou situações difíceis e embaraçosas por meio de *contornos estratégicos* – técnicas como comentários, perguntas ou lembretes – para que o comunicador:

- mantenha a pose e a calma, evitando um ar de atordoamento ou perplexidade;
- ganhe tempo para preparar uma rápida ficha mental, a fim de dar a resposta mais adequada:

Antes de responder, eu gostaria de saber seu nome, por favor...
Fulana me perguntou se... Essa é uma ótima pergunta...
Aí está uma pergunta bem oportuna! Posso acrescentar outros dados para esclarecer a questão...

Do mesmo modo, o *contorno estratégico* pode ajudar a enfrentar e a dominar, com serenidade e simpatia, situações problemáticas e atitudes indelicadas:

João, percebo que você está lendo um jornal... Há alguma notícia boa para nos contar?
João e José: a conversa parece boa... podemos participar do "papo"?
Oto, acho que você está com sono... posso ajudar?

Pelo exposto, parece ter ficado bem evidente que, para uma interação eficaz, o uso do nome do cliente é um recurso fundamental. Se, em certo momento da apresentação, percebermos a necessidade de atrair a atenção dos ouvintes, podemos usar a técnica de fazer perguntas "dirigidas" a determinadas pessoas da plateia:

Carlos, sei que você gosta de computadores. A internet mudou sua vida?
Cristina, você já teve algum problema com seu banco?
Roberto, como você aplica seu dinheiro?
Vocês sabem como é fabricado um computador?...
João, você sabe?

A pergunta dirigida a um ouvinte específico, tratado pelo nome, tem o mérito de estimular a participação da plateia, ao contrário de perguntas vagas que não motivam a intervenção do público, como: "Alguém sabe como é fabricado um computador?".

Como o leitor deve ter observado, as técnicas de interação com o público implicam sempre o uso de ganchos, a fim de criar efeitos positivos. É preciso que o comunicador fuja de antiganchos, como estes produzidos por Tácito:

Bem, parece que o meu tempo está terminando, eeeeh, então vou pular esses slides... não é?

Ao referir-se à falta de tempo para justificar a supressão dos slides, o apresentador passa a imagem de incompetência, prejudicando a interação com os ouvintes. Para uma interação positiva, é preciso, portanto, que o comunicador procure sempre fazer comentários favoráveis, evitando as seguintes observações negativas ou autodepreciativas, muito comuns em apresentações:

O tempo é curto, não dá para terminar... então... vou pular esses slides...
Não tenho muita coisa para contar... é só isso... é basicamente isso, é isso aí...
Eu tinha muito mais para falar...

Não deu para preparar a apresentação, mas...
Não sei se fui claro...
Talvez não dê para entender muito dessa parte...
Não sei se dá para ler o texto desse slide...
Eu ia mostrar para vocês uma foto muito interessante, mas... não pude trazê-la hoje...

Por falta de treinamento em técnicas de interação, administradores, empresários, vendedores, conferencistas e professores podem ter grandes dificuldades em oferecer respostas convenientes a perguntas de ouvintes (público em geral, clientes, jornalistas, alunos etc.), o que compromete gravemente a imagem da instituição. E o exemplo que veremos não é ficção, mas ocorreu com o diretor de uma grande empresa, ao receber várias reclamações de clientes sobre o mau atendimento que lhes era dispensado por um funcionário. Sem planejar e ensaiar, o dirigente foi entrevistado por jornalistas e, confiando no improviso, formulou respostas que atingiram a imagem da instituição, como podemos observar na matéria publicada:

> Esclarecemos que o funcionário citado não exerce a função de prestar informações ao público. Trata-se, na verdade, de um servente de idade avançada, tido, mesmo entre os seus colegas, como uma pessoa rústica.[2]

Na tentativa de criar um efeito positivo para os clientes, o diretor encontrou um bode expiatório para os erros de sua empresa: um servente de idade avançada! A declaração foi um autêntico antigancho, revelando um estereótipo preconceituoso: em vez de reconhecer os erros da própria empresa, o diretor põe a culpa na... velhice.

Nunca será demais lembrar que a interação competente é uma ferramenta fundamental para gerar efeitos positivos em apresentações, reuniões, entrevistas, palestras e aulas.

COMPETÊNCIA 4: SABER OUVIR

A falta do exercício da percepção pode acarretar a pouca ou nenhuma disponibilidade em ouvir os outros. Tácito deu mostras de não ser um bom ouvinte, na medida em que reagiu mal diante das observações do técnico e do jornalista. Quando nos comunicamos em público, temos de desenvolver uma audição atenta e arguta, nos perguntando sempre: o que o cliente está realmente indagando? Se não prestarmos a devida atenção à pergunta, corremos o risco de formular uma resposta inadequada e inconveniente. Tal foi o caso de uma palestra, "Tributação, finanças e contabilidade nas microempresas". Durante a apresentação, o palestrante foi interpelado por um empresário, que fez a seguinte e embaraçosa pergunta:

> **Empresário** – Suas explicações são muito bonitas, mas não funcionam! De que me adianta todo esse planejamento financeiro, se eu não posso confiar nos contadores... são todos ladrões!

O palestrante respondeu:

> Veja bem. Hoje, nós podemos fazer esse planejamento facilmente. Os computadores já têm programas bem sofisticados. É só teclar e... pronto! Se tiver dúvida, por favor, me passe um e-mail...

Que tal, caro leitor? "Bonita" resposta, não? Mas... e os contadores? Serão todos ladrões? O palestrante não foi um bom ouvinte, pois deveria ter refutado esse estereótipo negativo. O fato é que uma determinada associação de contadores protestou publicamente pela imprensa e ameaçou entrar com um processo por difamação e calúnia. Ocorre que o palestrante, além de não ter sido bom ouvinte, também não tinha percepção da plateia... e um dos presentes era contador!

Para concluir, vale observar que o quinto ponto de honra implica, em última análise, duas condições: autoconhecimento e conhecimento dos outros. Com essas condições, podemos construir as competências necessárias para o domínio do ouvinte/cliente e do cenário, a saber:

- autopercepção;
- percepção do tempo, do ouvinte/cliente e do cenário;
- interação com o ouvinte/cliente e o cenário;
- saber ouvir.

Com tais competências, somadas aos outros quatro pontos de honra, adquirimos segurança para vencer o medo de falar em público e conseguir expressar nosso pensamento de maneira clara e atraente.

Fica ainda uma dúvida: quem será, afinal de contas, o pobre Tácito? Ele existe mesmo ou é uma ficção?

Caro leitor: Tácito é a soma de todos nós, de todos os nossos medos e angústias "na luta pela expressão".[3]

NOTAS

[1] *Gnôthi seauton*, em grego clássico, famosa inscrição gravada no frontão do templo de Apolo, em Delfos, constituía o lema de Sócrates. Ver Platão. *Alcibiade* [Alcibíades], 129. Paris, Les Belles Lettres, 1953, p. 102.

[2] *O Estado de S. Paulo*, São Paulo Reclama, Cidades, 26/3/1994, p. 2.

[3] Título e tema do livro de Fidelino Figueiredo, *A luta pela expressão*, São Paulo, Cultrix, 1973.

8.
Receita para falar em público (sem medo)

PLANEJAMENTO, FICHA MENTAL E ENSAIO

O que é ficha mental?

Ficha mental é um roteiro para guiar o comunicador em aulas, apresentações, abertura e condução de reuniões ou em outras situações de comunicação (entrevistas, telefonemas etc.). Ela oferece três grandes vantagens:

- confere ao comunicador segurança, clareza e objetividade, na medida em que pode organizar a sequência lógica das ideias e programar o domínio do ouvinte e do território;
- faz com que o comunicador mantenha a direção e "venda" a ideia ou objetivo básico ao público-alvo num tempo adequado e bem administrado;
- possibilita ao comunicador enfrentar com tranquilidade questões difíceis ou comprometedoras.

Para preparar uma ficha mental devemos cumprir as seguintes etapas:

INVENTÁRIO

O inventário é a fase inicial da preparação da ficha mental e consiste no levantamento de informações, ideias, argumentos, ganchos e recursos audiovisuais a respeito do tema.

SELEÇÃO

Após o inventário, devemos escolher as informações relevantes, considerando sempre três fatores decisivos:

- tempo disponível;
- objetivo da apresentação;
- repertório e expectativas do público-alvo.

"COSTURA"

Depois de selecionar as informações, devemos organizar a mensagem numa sequência lógica de ideias, argumentos e ganchos. É uma estratégia eficaz planejar *um gancho na introdução e outro na conclusão*, a fim de "ganhar" o ouvinte no início e no final da apresentação.

INVESTIMENTO

Distribuição proporcional do *tempo* e das *técnicas/recursos* que devem ser dedicados a cada *ideia* ou *argumento*, em função do objetivo a ser "vendido" ao público. É importante investir tempo na conclusão, lembrando sempre que "bem está o que bem acaba": o final da apresentação possivelmente será mais lembrado do que todo o resto.

RECOMENDAÇÕES

- Tenha fichas mentais prontas

Para não ser "apanhado de surpresa", desenvolva o hábito de preparar fichas mentais referentes aos assuntos e temas que envolvam suas atividades, bem como os objetivos da organização. Além disso, tenha sempre preparada uma ficha mental de sua autoapresentação.

- Simulação de perguntas

Com o auxílio de um colega, ensaie respostas para perguntas difíceis, constrangedoras ou absurdas, para "testar" e aprimorar sua reação diante de questões como:

Achei a apresentação muito superficial. É só isso que você tem para dizer?
Você falou muito da Ucrânia. Qual a capital do país?
Você escreveu *exceção* com dois 'esses'!
Desculpe, posso atender meu celular?
Acaba logo que a gente quer almoçar!
Dá para desligar o ar-condicionado?
Fale mais alto!!!! Não estou ouvindo!!!
Posso contar um caso que aconteceu comigo? É rapidinho!

- Tratamento e socialização

Trate sempre o cliente/ouvinte pelo nome e "socialize" as perguntas:

Ouviram a pergunta da Flávia? A Flávia me perguntou se...

- Ruídos

Não se atrapalhe com os ruídos. Mantenha a calma e procure interagir com os ouvintes.

- Interrupções

Explore, de modo positivo, as perguntas e as interrupções. Não perca o objetivo e a sequência das ideias; utilize comentários estratégicos para dominar a situação.

- Utilize contornos estratégicos em questões difíceis

Use comentários, observações, perguntas ou lembretes para ganhar tempo e preparar uma rápida ficha mental, a fim de responder a questões difíceis.

- Ensaie e memorize a ficha mental

Nunca faça uma apresentação sem ensaiar (mesmo que rapidamente). Somente nos ensaios é que percebemos se o tempo é ou não suficiente, se nosso vocabulário é insuficiente ou se as explicações estão claras.

- Utilize ficha-cola para auxiliar a ficha mental

Elabore uma ficha com palavras ou frases-chave que sirvam como lembretes sobre a sequência da apresentação. Destaque os pontos essenciais e marque com outra cor aqueles que poderão ser descartados no caso de falta de tempo.

FICHA-COLA

1. O que é marketing

2. Plano de marketing antigo

3. Resultados anteriores

4. *Benchmarking*

5. Novo plano de marketing

6. Novos resultados

7. Conclusão: novo plano aumentou vendas

- Procure sempre conhecer o cenário e o cliente/ouvinte

Cenário: tamanho da sala, acústica, iluminação, ar-condicionado, horário e duração da palestra (manhã, tarde ou noite), atividades anteriores e posteriores à palestra, equipamentos audiovisuais, compatibilidade de *software*, disposição de mesas e cadeiras, espaço para movimentação.

Cliente/ouvinte: número de pessoas e repertório (nível cultural, interesses, expectativas em relação ao tema, preferências político-ideológicas, religiosas, esportivas e características regionais).

EXECUÇÃO

Visualize e "alivie" a mensagem

- Mantenha contato visual com a plateia: observe e controle o comportamento dos ouvintes
- Movimente-se no território da comunicação
- Seja conciso: cuidado para não se perder em longas explicações
- Oriente a plateia: informe-a da sequência da apresentação
- Enfatize com gestos, postura e movimentos
- Utilize entoações, pausas e volume da voz para destacar os ganchos e os pensamentos principais
- Invista na preparação dos recursos audiovisuais: slides e/ou transparências com gráficos, figuras, imagens e frases de efeito
- Faça uma cuidadosa revisão dos textos contidos nos slides (acentuação, pontuação, ortografia etc.)
- Utilize *pointer* (ou apontador a laser) para indicar itens ou imagens nos slides
- Não fique na frente da tela de projeção
- Se o assunto for muito técnico, estabeleça conexões com o cotidiano e use exemplos práticos

"Ganhe" o ouvinte

- Utilize ganchos na *abertura* e na *conclusão*

- Na abertura, por exemplo, podemos usar um slide com apenas uma imagem e pedir a determinados ouvintes que indiquem o tema da apresentação
- Na conclusão, planeje sempre algo que marque o público: uma pergunta provocante, uma citação, uma reflexão, uma imagem que resuma os resultados do projeto etc.

Empregue vocabulário ao alcance de todos

Avalie o repertório da plateia e use o vocabulário adequado. Sempre traduza expressões em outros idiomas, mesmo que pareçam fáceis (*downsizing, software, hardware*). É importante também explicar o significado de siglas (MPA = Mestrado Profissional em Administração).

Dê um toque humano: utilize termos emotivos e crie empatia

Utilize citações, faça referências a personalidades carismáticas, conte experiências pessoais ligadas ao tema.

"Mexa" com o ouvinte, provocando respostas por meio de perguntas dirigidas

Marcos, sei que você gosta de pesquisar vários assuntos. Podemos viver sem internet?

PRECAUÇÕES

Procure ter uma visão global e crítica da situação

Tenha sempre em mente:

- estar em sintonia com o repertório do cliente/ouvinte;
- evitar estereótipos;
- avaliar o contexto da comunicação.

Evite ruídos, como:

- comentários depreciativos;
- projetor ou televisão ligados sem necessidade;
- anotações impertinentes na lousa ou no *flip-chart*;
- objetos pessoais desorganizados e vestuário desalinhado.

Cuidado com...

- Desorganização
- Incoerência
- Falta de motivação
- Falta de empatia
- Falta de clareza
- Falta de contato visual: olhar para o infinito, olhar só para um determinado ouvinte (chefe, diretor, professor etc.)
- Voz baixa
- Falta de entoação: tom monocórdio
- Gestos e/ou movimentos exagerados ou conflitantes
- Postura rígida e autoritária
- Monotonia

- Excesso ou falta de formalidade: procure adequar o tom da apresentação ao público-alvo
- Uso inadequado ou mistura de registros e níveis linguísticos (gíria, linguagem chula etc.)
- Uso de clichês, lugares-comuns e frases feitas:

Como diria o poeta...
Tudo é relativo.
Depende da cabeça de cada um.
Todo mundo me conhece aqui...
Basicamente é isso...
É isso aí.
É uma subida honra receber em nosso seio tão ilustre visitante...
É esta uma hora imorredoura em nossa vida...
Vamos lá, pessoal!

Faça sempre comentários positivos e evite observações negativas ou autodepreciativas, como:

Como o assunto é muito complexo, infelizmente não poderei abordar todos os tópicos...
Bom, faltam 10 minutos ainda, eu teria mais algumas questões a tratar, mas, como todos estão cansados, vou terminar por aqui...
Não sou nada bom para falar em público...

Fuja do improviso, caro leitor! Procure sempre: planejar, planejar, planejar, ensaiar, ensaiar, ensaiar... E muito sucesso!

Bibliografia comentada

BARBEIRO, Heródoto. *Mídia Training*. São Paulo: Saraiva, 2011.
O objetivo desse livro é treinar o leitor para dar boas entrevistas na mídia. O fio condutor é o jornalismo, e ele é sempre o mesmo, não importam as plataformas por onde se propaga. As dicas estão organizadas na forma de um manual para que seja possível usá-las rápida e periodicamente. O leitor vai aprender os limites éticos do jornalismo para que consiga estar em pé de igualdade com seu entrevistador.

BLIKSTEIN, Izidoro. *Técnicas de comunicação escrita*. São Paulo: Contexto, 2016.
Além de tratar das técnicas para escrever bem, o foco dessa obra é dirigido também para a comunicação oral. O objetivo mais abrangente é conduzir os leitores a uma ampla compreensão do processo comunicativo, a fim de habilitá-los a utilizar, em textos profissionais, os conceitos e as ferramentas da comunicação eficaz: planejamento, persuasão, repertório, ganchos e recursos audiovisuais.

CUNHA, Celso. *Gramática do português contemporâneo*. São Paulo: L&PM Pocket/Lexicon, 2008.
Nessa gramática, os leitores encontrarão, numa linguagem simples, a descrição do padrão formal do português contemporâneo. Para tornar ainda mais acessível a compreensão do texto, utilizaram-se dezenas de quadros explicativos e expressivos exemplos de usos linguísticos colhidos nos mais representativos autores de nossa literatura. Fonética, ortografia, classe, estrutura e formação de

palavras, frase, oração, período, figuras de estilo e de sintaxe, pontuação, discurso direto, indireto e indireto livre, nada foi omitido nessa obra do eminente linguista Celso Cunha, a fim de que o leitor pudesse aprofundar seu conhecimento sobre a língua portuguesa e utilizá-la, com proficiência, nas mais diversas situações de comunicação.

FIORIN, José Luiz. *Linguística? Que é isso?* São Paulo: Contexto, 2013.

Esse livro, que reúne grandes especialistas da área, surge para explicar o que é, afinal, a Linguística. Para isso, trata das funções e características da linguagem humana, para depois discorrer sobre os cinco grandes objetos teóricos criados pela Linguística dos séculos XIX e XX: a língua, a competência, a variação, a mudança e o uso. Com um texto fácil e agradável, essa obra torna acessíveis questões complexas da ciência da linguagem – sem, entretanto, simplificá-las – tanto para estudantes e professores de línguas como para interessados em geral.

GARCIA, Othon Moacir. *Comunicação em prosa moderna.* Rio de Janeiro: FGV Editora, 2010.

Essa obra oferece ao leitor, preliminarmente, os fundamentos da comunicação linguística, ensinando-o, antes de tudo, a pensar de modo lógico e articulado. A partir dessa competência, o leitor pode tornar-se apto a planejar e a elaborar os diversos tipos de comunicação escrita.

MUNTER, Mary. *Guide to managerial communication.* 10th edition. New Jersey: Prentice Hall, 2014.

Partindo de um conceito avançado da comunicação – como uma estratégia para persuadir os receptores ou clientes –, a autora aborda as principais técnicas para a elaboração de trabalhos escritos e de apresentações orais no contexto das organizações.

O autor

Izidoro Blikstein possui graduação e especialização em Letras Clássicas pela Universidade de São Paulo (USP), mestrado em Linguística Comparativa pela Université Lumière Lyon 2, doutorado e livre-docência em Letras pela USP, além de ser titular em Linguística e Semiótica pela mesma instituição. É consultor da Fundação de Amparo à Pesquisa do Estado de São Paulo e professor adjunto da Escola de Administração de Empresas de São Paulo da Fundação Getulio Vargas – SP. Tem experiência e publicações na área de Comunicação, atuando com Semiótica e Linguística.

Leia também

COMUNICAR PARA LIDERAR
como usar a comunicação para liderar
sua empresa, sua equipe e sua carreira

Leny Kyrillos e Mílton Jung

Liderar é comunicar. Quem chegou à posição de liderança pode inferir que já se comunica bem. Ou, por outro lado, que o essencial é fazer, e não comunicar. Neste livro revelador, dois craques na área explicam a importância da boa comunicação e mostram os segredos para chegar lá. Além das questões verbais, como a escolha das palavras, o jornalista Mílton Jung e a fonoaudióloga Leny Kyrillos destacam aspectos como o olhar, a postura, o humor, a roupa e, claro, a fala. Afinal, dar o recado corretamente não é questão apenas de conteúdo, mas também de forma. Além disso, o líder que sabe comunicar também sabe escutar.

Para auxiliar o leitor a desenvolver suas habilidades de expressão, o livro traz dicas práticas voltadas a mudanças de hábitos. Os autores abordam também os principais desafios enfrentados cotidianamente, em diferentes situações e para qualquer plateia. Obra essencial tanto para líderes quanto para futuros líderes.

Leia também

ESCREVER BEM NO TRABALHO

Arlete Salvador

Você escreve bem? Antes de responder, você já pensou o que significa escrever bem no trabalho? Para as empresas, mensagens bem escritas facilitam os negócios, orientam decisões, reduzem custos, constroem a imagem de eficiência e eliminam mal-entendidos. Para os executivos, escrever bem impressiona os colegas, superiores e clientes, impulsiona a carreira, molda a imagem pessoal e profissional. É um ótimo diferencial. No universo virtual e digital da internet, quem não escreve bem não se comunica bem.

Este livro destina-se aos profissionais envolvidos nesse turbilhão da comunicação virtual por escrito. Redigir vai além do aprendizado da gramática e do conhecimento tecnológico, porque um texto é muito mais do que palavras frias em frases bem organizadas. Como se destacar nesse universo? A jornalista e escritora Arlete Salvador mostra os caminhos.

Cadastre-se no site da Contexto
e fique por dentro dos nossos lançamentos e eventos.
www.editoracontexto.com.br

Formação de Professores | Educação
História | Ciências Humanas
Língua Portuguesa | Linguística
Geografia
Comunicação
Turismo
Economia
Geral

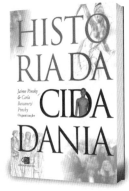

Faça parte de nossa rede.
www.editoracontexto.com.br/redes

GRÁFICA PAYM
Tel. [11] 4392-3344
paym@graficapaym.com.br